나는 왜 나에게 솔직하지 못할까

COME CLOSER: On Love and Self-Protection
by Ilse Sand

Copyright © 2013 by Ilse Sand
Translated in English by Russell Dees
Originally published by Forlaget Ammentorp, Denmark in 2013
as Kom nærmere: om kærlighed og selvbeskyttelse

Korean translation copyright © 2018, 2023 by Influential, Inc.
This Korean edition published by arrangement with Ilse Sand
through Shinwon Agency Co., Seoul.

나는 왜 나에게 솔직하지 못할까

더 이상 나를 속이지 않고 진정한 나를 만나는 심리 수업

일자 샌드 지음 | 곽재은 옮김

INFLUENTIAL
인 플 루 엔 셜

일러두기
이 책은 《컴 클로저》(인플루엔셜, 2018)의 개정판입니다.

더 이상 나를 속이지 않고
진정한 나를 만나는 시간

왜 우리는 다른 사람들과 친밀하고 다정한 관계를 맺지 못할까? 왜 그토록 많은 사람이 혼자인 상태에 머물러 있으려 하고, 서로에 대한 친밀감이나 진정한 관심이 결여된 채로도 그럭저럭 만족하며 살아가는 것일까?

여기에는 여러 이유가 있다. 그 이유 중에는 우리 스스로는 자각하지 못하는 의외의 진실도 존재한다. 그 진실 중 하나는 이것이다. 우리는 자기 자신을 상처로부터 보호하기 위해 다른 사람과의 관계에 스스로 걸림돌을 놓는다. 다른 사람과 관계 맺을 때, 심지어 사랑할 때조차 자신을 보호하기 위해 스스로를 속이고 일부러 실수하기도 한다. 언뜻 이해되지 않는 이러한 일은 현실에서 빈번하게 일어난다.

물론 진심으로, 의도적으로 이렇게 하는 경우는 드물다. 이러한 일은 자신도 자각하지 못하는 사이에 일어난다. 그 이유는 우리의 내적 자아가 스스로를 다치지 않도록 보호하는 일을 무엇보다 우선시하기 때문이다.

심리상담사들은 우리가 스스로를 보호하기 위해 하는 이러한 행동들이 무엇인지 잘 알고 있다. 상담실을 찾는 내담자들의 수많은 이야기 속에는 다른 사람과 일정한 거리를 유지하기 위해, 삶을 있는 그대로 받아들이는 일을 피하기 위해, 또는 자기 안에 일어나는 감정과 생각, 깨달음, 심지어 욕망을 억누르기 위해 하는 다양한 행동이 등장한다.

오랫동안 우리는 이 행동들을 여러 이름으로 불러왔다. 정신분석학을 만든 지그문트 프로이트는 이를 '방어기제(defence mechanisms)'라고 표현했다. 인지치료사들은 '대처기술(coping strategies)'이라는 개념을 사용한다.

모두 유사한 행동을 지칭하는 말이다. 프로이트보다 반세기 앞서 활동했던 철학자 쇠렌 키르케고르도 인간의 이런 습성을 간파했다. 키르케고르는 이런 현상에 대해 "인간이란 자신이 잘 아는 것도 뒤죽박죽으로 만드는 특이한 능력을 가지고 있다"고 말했다.

심리학을 비롯한 다양한 분야의 연구 덕분에 오늘날 우리는 이런 행동과 기술에 대해 훨씬 더 많은 것을 알고 있다. 이런 수단을 지칭하기 위해 내가 선택한 표현은 바로 '자기보호 전략(self-protection strategies)'이다. 다른 용어에 비해 '자기보호'라는 용어는 이러한 행동들이 목적하는 바를 더욱 분명하게 나타낸다는 장점이 있다고 생각한다.

'자기 자신을 보호한다'는 분명한 목적에 따른 행동임에도 자기보호 전략이 사용되는 양상은 매우 모호하고 역설적이다. 우리는 자기보호 전략을 동원해 이따금 너무나 명백한 일도 혼란스럽게 만든다. 이를 통해 다른 사람과 일정한 거리를 두고, 자신의 내면을 외면해버린다. 행동의 측면에서 보면 '자기보호 전략'이란 내가 처한 내적 또는 외적인 현실을 외면하고, 타인에게 친밀하고 가깝게 다가가는 것을 방해하기 위해 하는 모든 행동들을 가리킨다. 그리고 이 일은 의식적으로 이루어지기도 하지만, 자신도 모르게 무의식적으로 이루어지는 경우가 더 흔하다.

자신을 보호하는 행동이라고 하면 흔히 담배를 끊는 일, 바다에서 구명조끼를 입는 일 등을 떠올릴 것이다. 이런 일련의 행동들은 긍정적인 결과로 이어진다. 그러나 이 책에서 다루는 자기보호란 스스로를 현실과 차단시키기 위해 사용하는 수단이다. 현실과 차단되는 일이 우리가 살아가는 데 유리한 역할을 할 때도 있다. 그러나 어떤 경우 아니, 사실은 꽤 많은 경우 문제를 일으킨다.

가령 어떤 감정이 감당하기 버거울 만큼 힘들어서 잠시 그것과 거리를 두는 것으로 자기를 보호하려 할 때가 있다. 이러한 거리두기 행동은 충분히 바람직하다. 그러나 자기보호가 경직된 방식으로, 무의식적으로 이루어진다면? 그래서 그런 자기보호 행동이 부분적이든 전면적이든 내 의지와는 무관하게 시도 때도 없이 반사적으로 튀어나온다면? 그때부터는 문제가 될 수 있다.

이것은 매우 슬픈 일이다. 우리의 내적 자아가 힘든 현실을 차단하느라 필요 이상으로 외부와 거리를 두면, 우리는 더 이상 현실을 선명하게 바라보지 못하게 된다. 그러면 삶을 활기차게 살아가기가 불가능해진다. 결국 삶은 차츰 헤쳐 나가기 힘든 것이 되고 만다.

또 어떤 자기보호 전략은 상상력을 동원해 현실을 거짓으로 꾸민다. 이것도 구체적인 삶으로부터 자신을 멀어지게 하는 일이다. 그리하여 나 자신을 혹은 다른 사람을 실제와 전혀 다르게 인식한다. 나에게 주어진 기회를 실제보다 더 좋거나 나쁘게 본다. 이는 우리가 처한 현실을 차분히 그리고 온전히 느끼는 것을 방해한다. 심지어 이런 자기보호 전략은 호흡 곤란 같은 신체적 증상을 동반하기도 한다.

우리는 왜 이런 자기보호 전략을 쓰게 되었을까? 언젠가 먼 과거에 내가 힘든 상황에 놓였을 때 그 상황으로부터 효과적으로 벗어나는 데 자기보호 행동이 도움이 된 순간이 있었을 것이다. 그때 자기보호는 나에게 좋은 도구였을 것이다. 보통 한 사람의 자기보호 전략은 그렇게 만들어진다.

하지만 어린 시절부터 이미 수많은 자기보호 전략을 만들어내고, 그것에 의존하는 삶을 살아왔다면 어떻게 될까? 그 사람이 성인이 되었을 때도 자기를 보호하는 갑옷을 지나치게 두껍게 입고 있다면 타인은 물론 자기 자신과도 온전한 감정을 교류하기가 어려워진다. 이런 과정이 계속되면 사랑을 주고받는 관계에서 싹트는 '유대감'이라는 인생의 선물을 받을 수 없다. 그렇게 관계를 통해 내면이 성장하고 풍성해지는 경험을 하지 못하는 안타까운 일이 벌어진다.

나는 자기보호 자체가 나쁘다고 말하려는 것이 아니다. 자기보호는 누구나 쓴다. 우리가 살아가는 동안 감당할 만한 고통이나 슬픔만 겪는 것은 아니기 때문에, 처리하기 힘든 크기의 고통으로부터 자신을 보호하기 위해 자기보호는 꼭 필요하다. 그런데 그것을 잘 쓸 수도, 못 쓸 수도 있다. 자기보호를 성숙하게 구사하면 자신을 지키는 데 도움이 되지만, 성숙하지 못한 자기보호는 관계를 망치고 진정한 자기 자신으로 인생을 살아갈 수 없게 만든다.

그렇다면 성숙한 자기보호와 미숙한 자기보호는 어떻게 다를까. 그 차이는 스스로 알아차리는 것, 나 자신을 깊게 알아가는 자각에서 나온다. 자기가 어떤 자기보호의 갑옷을 두르며 살아왔는지를 알아차리면, 그것을 지속할지 중단할지를 결정할 수 있다. 이것이 성숙한 자기보호의 출발점이다. 성숙한 자기보호를 사용하면 자신을 가로막던 벽을 거두고 진정한 나를 만날 수 있다. 또한 타인과도 깊은 관계를 맺을 수 있게 된다.

나는 독자들이 이 책을 통해 누구에게나 있는 내면의 자기보호 전략을 발견할 수 있게 되기를 소망한다. 자신이 쓰던 자기보호 중 하나 또는 그 이상을 포기하는 것은 스스로의 삶에 더 충실하게 임하고 다른 사람에게 더 가까이 다가가는 계기가 될 수 있다. 그때 우리는 지금 이 순간의 삶을 누리며 더 많은 기쁨을 찾게 될 것이다. 부디 이 책을 통해 우리의 삶이 얼마나 더 풍성해질 수 있는지 진지하게 고민하는 시간을 가지기를 바란다.

6장 .

행복에 이르는 길

: 있는 그대로의 나 자신이 되는 법

1장

나는 왜 다른 사람에게
마음의 벽을 쌓을까

나조차 모르고 있던 나의 자기보호 전략

세상 모든 것은 관계를 통해 나타난다.
색깔이라는 것은 다른 색이 있어야 존재할 수 있고,
차원이라는 것, 위치라는 것도
다른 것과의 관계 속에서만 그 의미를 갖는다.

피에트 몬드리안(Piet Mondrian, 화가)

우리는 각자 상처로부터 자신을 보호하는
자기만의 방법을 만들어왔다.
시선을 다른 데로 돌리는 것부터
심지어 자신에게 일어났던 일을
까맣게 잊어버리는 망각까지.
어린 시절부터 형성된 이런 행동들이
굳어지면 어떻게 될까.
왜 자신을 보호하는 행동이
다른 사람과의 관계를 가로막는 벽으로 변하게 될까.

어른이 되어서도
관계 맺기에 서툰 사람들

한나는 열심히 구직 활동을 했지만 연달아 불합격 통보
를 받았다. 잇단 실패로 마음이 무척 힘들었지만, 당장
그녀에게는 슬픔을 느낄 에너지가 남아 있지 않았다. 한
나는 커다란 슬픔과 마주하는 대신 텔레비전을 틀고 스
릴러물을 보며 잠시 현실을 잊었다. 이런 방식으로 구직
실패 후에 맞닥뜨린 아픈 현실로부터 벗어날 수 있었다.

만약 이후에 한나가 슬픔을 온전히 느끼고 이를 극복할 시간과 공간을 따로 마련한다면, 잠시 현실을 외면하는 것은 그리 큰 문제가 아니다. 슬픔을 잘 처리한 뒤에 자연스럽게 다시 현실로 돌아올 수 있기 때문이다. 하지만 힘든 감정을 해소하기 위해 계속 현실에서 도피하려고만 한다면, 그것은 문제가 된다. 계속해서 자신의 감정과 거리를 두고 살아가면 정서적으로 더 큰 스트레스를 받고 삶의 생기와 활력을 잃어갈 수 있다. 나아가 자신이 느끼는 감정을 스스로 외면하고 있다는 사실을 계속해서 알아차리지 못한다면, 그 행동을 바로잡을 기회를 영영 얻지 못한 채 상황은 점점 더 심각해진다.

한나처럼 현실에서 도피하는 것은 가장 흔한 종류의 자기보호다. 우리가 사용하는 자기보호는 대부분 어린 시절에 형성된다. 어린아이일 때 스스로 감당하기 힘든 상황을 맞닥뜨리면, 실제로 문제를 해결하기에는 너무 어리고 나약하기 때문에 고통이나 혼란을 줄이기 위한 임시방편을 사용한다. 그러나 이렇게 시작된 자기보호는 점차 무의식적으로 굳어진다. 그리고 성인이 되어 어린 시절 자신이 극복하지 못했던 위기와 비슷한 상황을 만났을 때 자동적으로 튀어나온다.

구체적인 예를 들면 이런 경우다. 아이리스는 어릴 때부터 어머니가 우울해하는 모습을 자주 지켜봐야 했다. 게다가 어머니는 어린 딸을 붙들고 힘들다고 하소연하는 사람이었다. 그때마다 어린 아이리스는 어머니의 말을 듣기가 버거웠다. 아이는 어른의 절망을 어떻게 다뤄야 하는지 모르기 때문이다. 그리고 아이들은 자신을 돌봐주어야 할 보호자가 힘들어한다는 사실을 받아들이지 못한다. 그래서 아이리스는 어머니가 힘들어할 때마다 대화의 주제를 바꾸기 시작했다. 순전히 어머니의 주의를 돌리고 다른 생각을 하도록 만들기 위해서였다. 그런데 이러한 행동이 종종 어머니의 주의를 돌리는 데 성공하면서 '화제 바꾸기'는 아이리스 자신도 자각하지 못한 사이에 그녀의 자기보호 패턴으로 굳어졌다.

이제 성인이 되어 자녀를 키우게 된 아이리스는 아이들이 왜 자신에게 고민거리를 털어놓지 않는지 의아해한다. 아이들에게 그 이유를 물으면 대답은 비슷했다. 자신이 고민을 이야기하려 할 때마다 엄마가 매번 다른 이야기로 화제를 바꿔버렸다는 것이다.

아이리스처럼 자신도 모르게 어릴 때 형성된 자기보호를 반복적으로 사용하고 있다면, 다른 사람과 친밀한 관계를 형성하는 데 치명적인 걸림돌이 된다.

이를 어떻게 해결할 수 있을까. 중요한 것은 아이리스가 자신의 행동 패턴을 깨달아야 한다는 점이다. 과거에는 그런 행동이 자신에게 심리적인 안정을 주었을지 모르지만, 지금은 아이들과 가까워지는 데 오히려 방해 요소가 되고 있다. 아이리스가 자신의 아이들과 나누는 대화를 녹음해본다면 어떨까. 그러면 아이리스는 본인이 자신과 가까운 사람들이 겪는 위기와 그들의 슬픔에 대해 들을 때마다, 자신도 모르게 어떻게 화제를 바꿔왔는지 직접 확인할 수 있을 것이다. 아이리스가 이를 자각하고 똑바로 바라보게 되면 많은 것이 달라질 수 있다. 변화를 이루기까지의 과정은 힘들어도, 가장 안전하고 성공적인 출발선에 발을 올려놓은 것이기 때문이다.

어린 시절 부모의 관심을 끌기 위해
스스로 터득한 생존 기법

어린 시절에 겪은 어려움, 그것을 둘러싼 주변 환경은 한 개인이 자기보호를 형성하는 데 큰 영향을 미친다. 대개 자기보호는 자력으로 생존하기에는 아직 충분한 자원을 획득하지 못한 어린 시절에, 주양육자로부터 관심과 사랑을 얻기 위한 방향으로 형성되곤 한다. 아이를 완벽하게 양육하고 빈틈없이 좋은 환경을 제공할 수 있는 부모는 현실적으로 존재하기 어렵다. 그렇기 때문에 아이들은 부족한 환경 속에서 각자 생존하기 위한 기술을 터득한다. 자기보호도 대개가 생존 기법이다.

실제 사례를 들어 얘기해보자. 안나는 아주 어릴 적부터 부모님의 관심을 끌기 위해 노력할 때마다 부정적인 반응을 접했다. 그녀의 부모는 안나의 노력에 종종 짜증을 냈다. 그럴 때면 안나는 부모님의 눈빛에서 스트레스와 불쾌한 감정을 읽었다. 결국 안나는 우리가 일반적으로 '관심 끌기(asking for attention)'라고 부르는 건강한 기술을 터득하지 못했다. 그런 상태로 그녀가 성인이 되어 삶의 현장으로 불쑥 들어서게 되었을 때 불편한 상황들이 벌어지기 시작했다.

어린 시절에는 보호자에게 강한 애착을 느끼고 그 관계에 깊이 의존할 수밖에 없다. 그런데 의지해야 할 부모가 자신에게 관심을 기울여주지 않자, 안나는 창의력을 몽땅 짜내어 해결책을 찾아냈다. 부모는 자신에게 관심을 주지 않지만, 반대로 자신이 부모에게 관심을 쏟으면 상황이 나아진다는 것을 발견했다. 그녀는 부모의 관심을 끌고 싶으면 신문을 보는 아버지 옆으로 가서 앉았다. 그러고는 아버지가 읽고 있는 내용에 흥미를 보였다. 아버지는 딸의 이런 행동을 흡족하게 여겼고, 그 덕에 안나는 아버지 옆에 딱 붙어서 아버지의 따뜻한 체온을 느낄 수 있었다. 어린아이에게 절대적으로 필요한 유대감의 경험을 안나는 이런 식으로 채웠다.

어른이 된 안나는 자신의 욕구를 억누르고 상대방에게 관심을 주는 기술을 효과적으로 터득한 사람이 되었다. 타인에게 관심을 잘 표현하는 것은 다른 사람들과 친밀감을 쌓는 데 효과적인 방법이고, 좋은 능력이다. 문제는 안나 자신이 관심을 받고 싶을 때도 그 욕구가 자기 안에 일어나는 것을 느끼지 못하게 되었다는 점이다.

물론 안나도 문득 누군가를 만나고 싶다는 욕구가 든다. 그러면 항상 그렇듯 친구에게 연락한다. 친구와 커피를 마시러 카페에 들어가면, 자리에 앉자마자 안나는 친구에게 이렇게 질문한다. "어떻게 지냈어?" 누군가가 사신에게 이런 질문을 해주면 사람들은 대개 기분이 좋아진다. 친구도 안나가 자신의 안부를 챙겨주니 반가운 마음이 들어 자기 이야기를 끝없이 늘어놓기 시작한다. 하지만 친구의 이야기가 길어질수록 안나는 친구와 달리 기분이 나빠진다. 시간이 갈수록 점점 화가 나고, 좌절감이 고개를 든다. 이상한 것은, 자신이 왜 그런 기분이 드는지 영문을 모르겠다는 것이다.

스스로도 깨닫지 못했지만, 안나는 어릴 때 익힌 생존 기법을 사용하고 있었다. 자신이 남에게 관심받고 싶은 욕구가 생겨도 안나는 그것을 알아차리지 못하거나, 알아차리는 즉시 얼른 던져버렸다. 그리고 그 빈자리를 '상대에게 대신 관심을 주는 생존 기법'으로 해결하려 했다.

만약 안나가 평소에 자신이 이런 욕구를 어떻게 다루는지 객관적으로 바라볼 수 있다면 어떨까? 행동에 변화가 올 수 있다. 그래서 다음번에 친구와 마주앉았을 때는 안나 자신의 기분을 전환하기 위해, 상대의 이야기를 듣는 대신 자신의 이야기를 좀 더 많이 하게 될 것이다.

더불어 남편과의 관계도 바뀔 수 있다. 안나는 남편과 함께 있을 때도 무언가가 충족되지 못한 듯 알 수 없는 좌절감을 느껴왔다. 친구 관계에서와 마찬가지로, 남편에게 관심받고 싶은 욕망을 해결하는 방법을 찾지 못해왔던 것이다. 이제는 남편을 괴롭히는 대신 자신이 원하는 바를 정확하게 말할 수 있을 것이다. 가령 이렇게 말하는 것이다. "나는 당신이 지금부터 딱 15분간만 딴 생각 안 하고 나한테 집중해주면 정말 행복할 것 같아."

"나, 당신에게 내 이야기를 하고 싶어." 그녀가 이렇게 자신의 요구를 정확히 전달한다면, 남편의 마음도 한결 가벼워질 것이다.

지금까지 들려준 안나의 이야기가 어쩌면 아주 사소한 문제이거나, 별로 심각하지 않은 것처럼 들릴지도 모르겠다. 하지만 절대 그렇지 않다. 안나는 그동안 자신이 의존해왔던 생존 기법을 깨닫는 과정에서 많은 혼란을 겪을 것이다. 안나 자신이 다른 사람에게 관심받고 싶은 스스로의 욕구를 어떻게 무시해왔는지를 깨닫게 되면 걷잡을 수 없는 슬픔이 몰려올지도 모른다. 먼 옛날 욕구를 포기할 수밖에 없었던 사건이 문득 떠오르고, 그때 느꼈던 고통을 고스란히 다시 겪게 될 수도 있다. 오랫동안 의지했던 생존 기법을 포기하고 내려놓는 순간, 안나는 다른 사람을 만날 때마다 자신이 무력하고 위태롭다는 느낌에 시달릴 것이다. 맨몸으로 세상에 다시 나선 것 같은 기분이 들 것이다.

그러나 이것은 극복할 수 있는 혼란이다. 물론 타인과

관계 맺는 방식을 새롭게 찾아내고 그것에 익숙해질 때까지 겪는 혼란은 감당하기에 녹록지 않을 수 있다. 하지만 자기보호로 인해 스스로의 욕구가 무엇인지조차 깨닫지 못하고, 다른 사람을 괴롭히는 상태에 머물렀던 과거와는 완전히 다른 차원으로 나서게 될 것이다.

상처받은 나를 지켜주는
임시처방전

우리는 앞에서 자기보호가 어떻게 처음 생겨나고 굳어져서 현실의 문제를 만들어내는지 살펴봤다. 그런데 이들처럼 자기보호는 언제나 문제가 되기만 할까? 꼭 그렇지는 않다. 과거 어느 순간에 자신을 지키기 위한 도구가 됐던 것처럼, 때로 고통을 피하는 임시처방전 역할을 할 수도 있기 때문이다. 또 다른 사례를 통해 자기보호가 정확히 무엇이며, 실제 현실에서 어떻게 적용되는지 알아보자. 여기에서는 바람직하고 안전한 환경에서라면 자

오랫동안 의지했던 생존 기법을 내려놓게 되면

잠깐은 무력하고 위태롭게 느껴질지도 모른다.

그러나 이것은 극복할 수 있는 혼란이다.

위기 상황에서 자신이 반복적으로 보이는

행동 패턴을 스스로 깨닫는다면,

더 수월하게 나의 내면을 돌보고

눈앞에 있는 과제를 해결할 수 있게 된다.

기보호가 어떻게 자연스럽게 포기될 수 있는지도 확인할 수 있을 것이다.

재스퍼는 올해 여덟 살이다. 여느 때처럼 어깨에 책가방을 메고 엄마에게 손을 흔들며 인사한 뒤 학교로 향했다. 등교하는 길에 재스퍼는 덩치 큰 형들이 몇 명 모여 있는 곳을 지나게 되었다. 재스퍼는 형들을 향해 미소 지으며 그 옆을 지나치려고 했다. 그런데 갑자기 그중 한 명이 재스퍼의 발을 걸었다. 재스퍼는 넘어지며 무릎이 까지고 피가 나왔다. 덩치 큰 형들은 깔깔대고 웃으면서 재스퍼에게 멍청한 자식이라고 놀리다가 자리를 떴다.

재스퍼는 입술이 부들부들 떨렸다. 이대로 집에 있는 엄마에게 되돌아가고 싶었다. 하지만 학교에 가서 친구들과 놀고 싶은 마음이 더 컸다. 잠시 고민하다가 결국 재스퍼는 학교로 가기로 했다. 더 이상 아까처럼 행복하지는 않았다. 형들의 행동 때문에 놀랐고 무릎도 다쳤기 때문이다.

학교에 와서도 재스퍼의 기분은 여전히 엉망이었다.

그래도 조금 전의 일은 잊고 교실에 앉아 있는 지금 순간에 집중하려고 노력했다. 마음에 자리 잡은 두려움을 멀찍이 밀어내고, 슬픈 기분이 일어나는 것에 대해서는 일부러 신경 쓰지 않으려고 안간힘을 썼다.

그런데 이러한 노력은 운동장에 있던 베니타 선생님과 마주친 순간 몇 배로 더 힘들어지면서 고비를 맞았다. 선생님이 "재스퍼, 괜찮니?"라고 물었던 것이다. 고개를 숙여 재스퍼를 따뜻한 눈길로 바라보면서 말이다. 재스퍼는 금방이라도 눈물이 쏟아질 것 같아서 울지 않으려고 재빨리 선생님을 외면했다. "저는 괜찮아요!"라고 얼른 한마디를 외친 뒤 허둥지둥 도망쳤다.

재스퍼는 친구들 틈에 들어가 같이 공놀이를 하려고 해보았다. 하지만 재미도 없고 더 이상 놀고 싶은 마음이 들지 않았다.

학교 수업을 마친 재스퍼는 집으로 돌아왔다. 마침 엄마는 집에 없었다. 재스퍼는 컴퓨터 앞에 앉아 멍하게 게임을 했다. 얼마 뒤 엄마가 돌아와 방문을 열고 "재스퍼, 왔니?" 하고 인사를 건넸다. 그 순간, 재스퍼는 무너지며 울음을 터뜨렸다. 깜짝 놀란 엄마가 방으로 들어와 재스퍼를 안아 올리며 무릎에 앉혔다. 재스퍼는 엄마에게 동네 형들과 있었던 일을 털어놓으며, 얼마나 아프고 무서웠는지를 말했다. 엄마는 재스퍼의 다친 무릎을 씻기고 반창고를 붙여주었다. 덕분에 재스퍼는 금세 기분이 좋아졌다. 밖으로 나가 놀 만큼 편안한 마음 상태로 돌아올 수 있었다. 재스퍼는 잠시 억눌러두었던 자신의 감정과 다시 연결되었고, 재미있게 놀고 싶은 욕구도 느꼈다.

재스퍼가 형들의 괴롭힘이라는 엄청난 사건을 겪은 뒤 다시 학교로 가겠다고 결심했을 때, 이 소년은 자기 감정과 거리를 두어야 했다. 그리고 학교에서는 하루 종일 울지 않으려고 참고 또 참았다. 어느 면에서 이것은 재스퍼가 삶을 낭비한 시간이다. 무릎을 다친 순간부터 엄마를 만나 그 사건을 털어놓기까지, 재스퍼는 자신이 느낀 고통으로부터 거리를 두고 감정을 억눌렀다. 그뿐 아니라 친구들과 신나게 놀고 싶은 마음도 차단시켰다. 자신의 감정을 억누르기에도 벅차서, 재스퍼는 주어지는 상황에 로봇처럼 단순히 대처만 했다.

반면 재스퍼가 엄마와 함께 있는 안전한 환경에 놓일 때까지 자기 감정에 지지 않은 것은 잘한 일이다. 엄마는 재스퍼가 불쾌한 경험을 제대로 처리하고 소화하도록 도울 수 있는 사람이다. 때와 장소를 가리지 않고 아무 데서나, 아무에게나 감정을 여과 없이 터뜨리는 것은 지혜로운 일이 아니다. 만약 재스퍼가 운동장에서 선생님을 만났을 때 자제력을 잃고 감정을 쏟아냈다면, 선생님은 당황스러운 표정으로 재스퍼를 보며 진정하라고 말했을지 모른다. 만약 그랬다면 이것은 재스퍼에게 훨씬 더 안 좋은 상황이다. 재스퍼는 공감받지 못한 채 기분이 바닥으로 더 곤두박질쳤을 것이다.

재스퍼는 학교에서 힘든 감정을 쏟아내는 대신 집으로 돌아와 엄마를 만날 때까지 억누르는 쪽을 선택했다. 재스퍼는 자기 감정을 멀찍이 밀어냈다. 이 소년은 자기 보호를 훌륭히 구사했고, 그것은 잘한 일이다. 그리고 다행스럽게도 재스퍼에게는 그를 따뜻하게 위로하고, 감정을 해결하여, 다시 원래의 상태로 돌아올 수 있게 도와줄 엄마라는 존재가 있었다.

이렇게 자기보호를 임시 처방전으로 사용하면 유용할 때가 많다. 자기보호를 적절히 사용할 능력을 갖추는 것은 좋은 일이다. 그렇게 되면 필요에 따라 자기보호를 사용하면서 나의 내면을 돌보는 데 좀 더 집중할지, 반대로 사회적 관습에 순응하거나 혹은 눈앞에 당면한 과제를 수행하는 데 좀 더 에너지를 쏟을지를 판단하고 상황을 제어할 수 있다.

내면적 자기보호와
대인적 자기보호

재스퍼와 같은 영리한 소년만이 아니라, 많은 사람이 이런 지혜로운 자기보호를 사용한다. 얼핏 보면 너무나 자연스러워 보이는 이 자기보호를 좀 더 세밀하게 들여다보자.

자기보호는 크게 두 가지 유형으로 구분할 수 있다. 하나는 내면에 싹튼 두려운 감정, 생각, 욕망으로부터 자기 자신을 보호하려는 것이다. 이것을 '내면적 자기보호(intra-psychic self-protection)'라고 부른다. 또 다른 하나는 지나치게 가까이 다가오는 상대방으로부터 나를 보호하는 것이다. 이를 '대인적 자기보호(interpersonal self-protection)'라고 부른다.

재스퍼는 스스로를 보호하기 위해 내면적 자기보호와 대인적 자기보호 모두를 사용했다. 첫째로, 재스퍼는 상처받은 자신의 감정과 거리를 두기 위해 두어 번 심호흡을 크게 하면서 정신을 차리려 애썼다. 이는 내면적 자기보호에서 나온 행동이다. 둘째로, 재스퍼는 운동장에서 만난 베니타 선생님과 거리를 누었나. 신생님이 팬찮은지 물었을 때 "괜찮아요"라고만 짧게 대답하고 얼른 도망갔다. 이때는 대인적 자기보호를 쓴 것이다.

재스퍼가 쓴 두 가지 자기보호는 모두 좋은 행동이다. 베니타 선생님에게 속마음을 털어놓지 않은 것도 똑똑한 행동이었다. 재스퍼는 베니타 선생님을 잘 모르기 때문이다. 그리고 무엇보다 집에 있을 엄마만큼은 확실하게 자신을 이해해주고 위로해주고, 자기 자신을 있는 그대로 받아들일 수 있도록 도와주리라는 사실을 재스퍼는 잘 알고 있었다.

재스퍼가 베니타 선생님으로부터 도망치고 눈물을 참기 위해 심호흡을 했던 것처럼, 자기 자신과 타인으로부터 거리를 두기 위해 전형적으로 사용하는 신체 언어와 사회적 행동들이 있다. 대표적인 대인적 자기보호의 몇 가지 예를 들어보자. 그러면 자기보호가 어떤 방식으로 표출되는지 조금 더 쉽게 이해할 수 있을 것이다.

신체 언어의 예

- 시선 피하기
- 팔짱 끼고 다리 꼬기
- 냉담한 표정 짓기
- 등을 돌리거나 옆으로 돌아서기

사회적 행동의 예

- 나와 가까워지고 싶어 하는 사람 비난하기
- 갈등 일으키기

- 채무관계를 만들거나, 상대에게 많은 선물과 호의를 베풂으로써 관계를 불균형하게 만들기

우리는 자신도 모르는 사이 이와 같은 자기보호를 사용하곤 한다. 만약 그렇다면 우리는 자신이 필요로 하는 친밀감을 스스로 밀어내는 셈이다. 그렇기 때문에 누군가와 실컷 대화를 나누고 나서도 어쩐지 미진한 느낌이 드는 경험을 자주 하게 되는 것이다.

어떤 사람에게는 대인적 자기보호가 상대적으로 더 많이 필요할 수 있다. 유난히 민감한 성격의 사람들(highly sensitive people)이 그렇다. 이런 사람들은 다른 사람의 친밀한 행동이나 관심에 일일이 반응하기가 이따금 힘에 부칠 때가 있다. 그런 친밀한 행동과 관심에 반응할 만한 에너지가 내면에 하나도 남아 있지 않은 순간도 있다. 바로 이럴 때 자기보호가 필요하다. 이런 경우 자신을 어떻게 보호해야 하는지 아는 것이 좋다.

극도로 민감한 사람들은 상대방에게 어느 정도까지 신경 써야 하는가를 두고 자기 자신에게 지나치게 많은

요구를 한다. 다른 사람의 일에 관여하는 것이 힘들 때는 이따금 뒤로 물러나 있어도 괜찮다. 하지만 이런 유형의 사람들은 자신이 상대의 호의에 부응하지 않아도 된다는 사실을 잘 받아들이지 못한다. 당신이 이런 유형의 사람이라면, 힘에 부칠 경우 시선을 다른 데로 돌리거나 옆을 보거나 심지어 돌아앉아도 무방하다는 사실을 말해주고 싶다. 예컨대 눈을 마주치기가 버겁다면 시선을 회피해도 괜찮다.

대인 간 자기보호는 중요한 기술이다. 우리는 이를 자연스럽게 습득한다. 예를 들어, 반응하기 싫은 상대방에게는 너무나 자연스럽게 거리를 두는 신체 언어를 사용한다. 그런 신체 언어를 사용하는 것 자체를 두고 옳고 그름을 말할 수는 없다. 핵심은 본인이 그런 행동을 하고 있음을 의식할 수 있느냐이다. 내가 자기보호를 쓸 때 그것을 어떻게 사용하고 있는지를 정확히 인식하는 일이 무엇보다 중요하다. 다른 이들을 과도하게 밀쳐내는 것 자체는 문제가 되지 않는다. 다만 내가 어느 정도로나 자신을 지키는 선택을 했는지를 자각하는 게 중요하다는 말이다. 다시 말해, 언제 누구와 얼마만큼의 거리를 둘 것인지를 내가 직접 선택한다는 사실을 인식해야 한다. 이런 원칙은 내면적 자기보호에도 똑같이 적용된다.

자신의 감정을 외면하는 사람이 보이는 행동

누구나 내면적 자기보호를 사용한다. 일상을 살다 보면 자신의 내면을 살피거나 돌보기가 어려운 상황을 마주할 때가 있다. 예를 들어 직장에서 업무에 집중해야 할 때가 그렇다. 개인적으로 겪고 있는 어떤 문제가 있거나 직장에서 스트레스 받는 일이 있더라도, 그 일에 대응하는 것을 멈추고 업무에 집중해야 한다. 이렇게 내면에 주의를 기울이기 힘든 시간과 장소에 놓여 있다면 내적 자아로부터 거리를 두는 것이 더 나을 수 있다.

또 마음이 온통 커다란 고통과 갈등, 혼돈으로 꽉 찰 때, 그것이 주는 압력이 너무 커서 당장 감당할 수 없는 순간도 있다. 이럴 때도 마찬가지로 고통에 찬 자신의 내면을 들여다보기보다는, 차라리 내적 자아로부터 거리를 두는 편이 낫다.

이렇게 자신의 내면과 거리두기를 할 때 가장 기본적으로 사용하는 자기보호 가운데 하나가 바로 '억압'이다. '억압'은 내가 어떤 순간에 어떤 선택을 했다는 사실 자체를 망각하는 형태로 나타난다. 심지어 의도적으로 무언가를 망각하고는, 자신이 그런 결정을 했다는 사실 자체를 다시 망각하기도 한다. 억압된 것은 이런 식으로 의식에서 완전히 자취를 감춘다. 이를테면, 어떤 사람은 부모님이 자신을 끔찍할 정도로 학대했다는 사실을 까맣게 잊어버리고 떠올리지조차 못하게 된다.

억압은 신체적인 증상으로도 나타난다. 근육이 긴장하거나 딱딱하게 굳고, 심호흡을 하지 못하게 되기도 한다. 자신의 신체가 겪는 변화를 차분히 느끼거나 인지하기 싫어질 때 우리의 호흡은 얕아진다. 자신이 의도하지 않더라도 자동적으로 그런 변화가 따른다.

그렇기 때문에 심리상담사들은 상담실에서 내담자를 만날 때 내담자의 호흡에 주의를 기울이곤 한다. 그러면 다루기 힘든 주제가 등장할 때마다 으레 내담자의 호흡이 얕아지고, 그들의 숨이 가슴 위쪽으로 금세 옮겨가는 것을 관찰할 수 있다.

이러한 '억압' 외에도 내면적 자기보호는 다양한 형태로 일어난다. 자기 내면을 대상으로 하는 여러 자기보호 행동 중 몇 가지 대표적인 유형을 살펴보자.

* **주의 전환** 문제에서 벗어나기 위해 다른 곳으로 주의를 돌린다. 가령 핸드폰을 들고 서성이며 계속 온라인상에 머물고, 수시로 페이스북을 확인한다.
* **투사** 내가 느낀 어떤 감정이나 특성을 내가 아닌 다른 사람의 것인 양 경험한다. 예를 들어, 피곤한 엄마가 그 피곤을 자신의 것이 아니라 아이의 것이라 믿고는 눈이 말똥말똥한 아이를 억지로 침대에 눕혀 재우려 하는 행동이 그것이다.
* **무기력해지기** 음식, 오락, 잠 등을 남용해서 무기력

해진다. 현실의 일부에 눈과 귀를 닫는다. 예를 들어, 누군가가 나를 좋아하는지 아닌지를 보여주는 신호가 충분히 있는데도 신경 쓰지 않는다. 그 대신 자신의 생각이나 판타지를 근거로 혼자만의 추정을 한다.

＊ **긍정의 과잉** 나에게 좋지 않은 일을 억지로 긍정적으로 해석한다. 이를테면 누군가가 계속 자신을 괴롭히는데도 그 사람이 나에게 최선을 다하고 싶어 그런 행동을 한다고 생각한다. 그럼으로써 그 일로 인해 느끼는 분노나 슬픔을 회피한다.

우리는 종종 이런 자기보호 중에서 여러 가지를 한꺼번에 사용하기도 한다. 다음 사례를 보면 여러 가지의 자기보호가 지층처럼 켜켜이 쌓여 있는 모습을 살펴볼 수 있다.

카렌의 남자친구는 두 사람의 관계를 진지하게 여기느냐는 질문을 받을 때마다 시선을 다른 곳으로 돌리고 딴청을 피운다. 남자친구의 이런 행동은 카렌에게 여러 가지 감정을 불러일으켰다. 만약 카렌이 자신의 감정을 제대로 처리할 줄 모르는 사람이라면, 다음과 같은 자기 보호 행동으로 스스로를 보호하려 들 것이다.

1. 남자친구가 시선을 돌리는 장면을 보지 않으려고 눈을 다른 곳으로 돌려 '피한다.'

2. 시선을 돌리는 남자친구를 보고 이렇게 생각한다. '하필 그때 다른 걸 보느라 그런 거야. 어쨌든 작년에 휴가 갔을 때 나한테 사랑한다고 말했잖아. 그러니 당연히 남자친구는 날 사랑해.' [긍정의 과잉]

3. 큰맘 먹고 '어쩌면 그이가 나한테 진지하지 않은 건지도 몰라'라고 현실적인 가능성까지 생각할 수도 있다. 그러면 그 순간 카렌의 호흡은 가슴 윗부분으로 옮겨간다. [호흡이 얕아짐]

4. 호흡이 얕아지고 몸이 경직되는 것을 느낀다. 일부러 심호흡을 크게 한 번 한다. 페이스북을 확인해 봐야겠다는 생각을 한다. [주의 전환]

카렌이 이제껏 위와 같은 자기보호를 쓰면서 상황을

회피해왔다면 어떻게 해야 할까? 카렌을 위한 가장 바람직한 시나리오는, 그녀가 진정으로 마음을 나눌 수 있는 사람을 만나 얘기를 나눠보는 것이다. 예를 들면 카렌의 이야기를 잘 들어주고 카렌을 지지하는 친한 친구들 말이다. 사람들은 함께 있을 때 안전하다는 느낌을 주는 누군가와 같이 있으면 자신에 대해 좀 더 많은 것을 표현할 수 있다. 카렌은 자신이 안전하다고 느끼는 사람들에게 자신의 이야기를 털어놓으면서 내면에서 일어나는 감정을 신중하게 느껴보고, 남자친구에 대한 생각을 찬찬히 곱씹어볼 수 있다.

그러나 최악의 시나리오도 있다. 그동안 카렌이 너무 많은 자기보호를 써온 나머지 속을 터놓을 친구를 만들지 못한 경우다. 이런 상황이라면 카렌은 자기보호를 계속하며 내면의 목소리를 외면하는 위험에 빠질 수 있다. 그러다 보면 남자친구의 진짜 마음을 알아보려는 시도 한 번 없이 또다시 몇 년을 흘려보낼지 모른다.

자기보호가 무의식적으로 굳어져버리면

우리는 삶의 여정에서 길을 잃는다.

어째서 항상 내가 장애물에 부딪히는지,

어째서 당장 그만두고 싶은 행동들을 자꾸만 반복하는지

이해할 수 없게 되어버린다.

민감한 사람일수록
자기 감정을 돌보지 못한다

대인적 자기보호는 다른 사람이 나에게 가까이 오지 못하도록 만들고, 내면적 자기보호는 나 자신의 생각, 느낌, 욕망으로부터 나를 차단한다. 그런데 이 두 가지는 서로 연결되어 있다. 한 사람의 내적 심리 상태는 타인과의 친밀함이나 타인의 부재 등 대인적인 부분에 크게 영향을 받기 때문이다. 이렇게 내적 심리와 대인 관계는 서로 밀접하게 맞물려 있다. 우리는 다양한 관계를 맺으면서 서로의 내면에 수많은 감정과 반응을 불러일으킨다. 자기보호 전략에서도 내면을 대상으로 한 내면적 전략과 타인을 대상으로 한 대인적 전략 두 가지는 서로를 보완하기도 한다.

자신의 내적 자아를 상대로 막강한 자기보호를 쓰는 사람은 대인적 자기보호를 그리 많이 사용하지 않는다. 보통 이런 사람들은 강단이 있어 보인다. 그리고 다양한 사회적 관계를 충분히 감당할 수 있다. 게다가 이들은 일반적으로 매우 개방적이고 다른 사람과의 의사소통도 활발하다. 불안해하지 않고, 자기 자신의 감정에 충실하며 자신을 잘 알고 있는 사람처럼 보인다.

하지만 어디까지나 이것은 겉으로 보이는 모습이다. 이들이 스스로 잘 알고 있다고 여기며 동일시하는 '자아'도 사실 어느 정도는 꾸며낸 것일 수 있다. 그들 자신이 느끼고 있다며 표현하는 감정도 마찬가지로 '거짓 감정(pseudo-feeling)'일 가능성이 있다. 실제 느낀 것이라기보다는 머릿속으로 상상해냈거나 자신이 갖고 싶은 감정일 수 있다는 뜻이다.

이런 유형의 사람들은 자신의 내면 깊숙이 자리 잡은 진짜 감정이나 욕구로부터 단절되어 있을 때도 겉으로는 문제가 없어 보인다. 거짓 감정과 자신을 완벽하게 동일시하는 사회적 가면을 가지고 있기 때문이다. 예를 들어 "나는 항상 행복해"라고 자주 말하는 이들이 있다. 이런 행동은 그들이 강력한 내면적 자기보호를 쓰고 있다는 신호이기도 하다. 사실 그 사람은 자신의 진짜 감정으로부터 소외되어 있을 가능성이 높다. 우리의 감정은 모두 자기만의 기능이 있다. 예를 들어 불안과 공포는 외부의 위험으로부터 자신을 보호하는 긍정적인 역할을 하기도 한다. 그런데 그런 진짜 감정이 올라올 때마다 그것을 '나는 행복하다'는 자기보호를 사용하여 강력하게 누르고 있는 것이다.

이와 반대로, 자신의 내면을 다루는 데 취약한 사람은 대개 대인적 자기보호를 더 많이 사용한다. 내적 자아가 겪는 감정의 소용돌이로부터 자신을 보호해줄 자기보호 전략이 단단하지 못하면, 자신을 외부 세계로부터 지켜줄 강력한 대외적 전략이 필요하다. 이런 유형의 사람들은 사회적인 접촉에 쉽게 압도당하기 때문에, 자기 자신을 찾기 위해 뒤로 물러나 있는 시간을 주기적으로 가져야 한다.

특히 매우 민감한 성격의 사람은 그렇지 않은 사람에 비해 내적 자아로부터 스스로를 보호할 자기보호 전략이 튼튼하지 못한 특징이 있다. 이들은 내면에서 일어나는 감정을 더욱 예민하게 감지하기 때문에 그 감정으로부터 거리를 두기가 어렵다. 민감한 사람들은 자신의 무의식에도 더 쉽게 접근하며, 내적 자아의 존재도 상대적으로 더 강렬하게 느낀다.

그래서 아주 민감한 사람들은 한동안 사람들로부터 떨어져 있는 쪽을 택하기도 한다. 이들에게는 다른 사람들이 자신에게 가깝게 다가오며 표현하는 친밀감이 너무 버겁게 느껴지기도 하고, 마음속의 해묵은 상처를 일깨우는 계기가 되기도 한다. 그래서 자신을 고립시키는 것이 친밀감을 피할 수 있는 가장 안전한 방법이 된다.

지금껏 살펴본 것처럼 내면적 자기보호와 대인적 자기보호는 사람에 따라 어느 것을 더 많이 사용하거나 덜 사용하기도 한다. 그리고 서로 영향을 미치며 나름의 균형을 이룬다.

이것은 자기보호를 할 것인지 말 것인지 둘 중 하나를 선택하는 문제가 아니다. 다시 한번 강조하지만, 자기보호를 쓴다는 것 자체는 문제가 되지 않는다. 자기보호가 문제가 되는 가장 큰 이유는 우리가 이것을 너무 많이 사용하거나, 너무 적게 사용하기 때문이다. 그러므로 일반적으로 볼 때, 자신이 쓰고 있는 자기보호 중 더 이상 쓸모가 없어지거나 껍데기만 남은 전략을 선택적으로 내던지는 것은 분명히 유리한 일이다.

그러나 자기보호를 전혀 사용하지 않는 것 역시 좋은 방향은 아니다. 또 다른 영역에서 필요한 자기보호를 새롭게 발달시켜서 자신을 요새처럼 강고하게 만드는 노력도 함께 필요하다.

나는 내면적 자기보호에 강한 사람인가, 대인적 자기보호에 강한 사람인가? 이 두 가지를 정확히 알고 자신이 어떤 유형의 사람인지를 이해하는 것은 중요하다. 자기보호에 대해 정확히 인식하고 있다면, 자신이 내면적 자기보호를 더 강화할 것인지, 대인적 자기보호를 더 성숙하게 발달시킬 것인지를 선택할 수 있다. 무엇보다, 자기보호를 쓸 것인지 말 것인지를 스스로 선택할 수 있다면, 그때는 어떤 전략을 사용하든 자신에게 힘이 될 수 있다.

나를 가로막고 있던 건
바로 나였다

여러 차례 강조했듯이, 자신이 어떤 방식으로 자기보호를 하는지 자각하는 것은 매우 중요하다. 그러나 많은 경우에는 본인도 의식하지 못하고 있는 특정한 방어 행동이 자동적으로 튀어나온다. 우리가 문제를 겪는 것은 그 때문이다. 그렇게 되면 다른 사람과 관계 맺을 때 내가 생각하거나 의도하지 않았던 일이 계속 벌어지고, 그러면서도 우리는 그 이유를 알지 못해 답답한 시간을 보낼 것이다.

자기보호가 자동화될 때 어떤 일들이 벌어지는지 찬찬히 살펴보자.

다시 재스퍼의 이야기로 돌아가 보자. 재스퍼는 등교하는 길에 형들에게 괴롭힘을 당하고 무릎을 다쳤지만, 적절한 도움을 받기 전까지 슬픔이 터져 나오지 않도록 자신을 지키며 노력했다. 그런데 재스퍼처럼 문제를 잘 해결하지 못하는 경우도 충분히 상상해볼 수 있다.

마틴이라는 또 다른 소년이 재스퍼와 같은 경험을 했다고 가정해보자. 마틴은 자신을 잘 억누르며 집으로 돌아갔지만, 마틴의 엄마는 마틴에게 적절한 도움을 주지 못했다. 이를테면 그만한 일로 울어서는 안 된다거나, 왜 형들에게 맞서 싸우지 않았냐고 하며 마틴을 나무랐다. 결국 마틴은 이 문제를 해결하지 못한 채 다음날 학교에 갔다. 무서운 형들을 다시 만날지 모른다는 두려움을 억누르고, 목에 뭔가가 걸려 있는 듯 억울한 느낌을 꾹 참느라 에너지를 써야 했을 것이다.

바람직한 시나리오라면 마틴은 부모님에 세 도움 을 받지 못했더라도 다른 어른을 찾아가야 한다. 예컨대 베니타 선생님에게 하소연할 수 있다. 그렇지만 마틴은 엄마를 배신하는 기분이 들어서, 또는 엄마가 인정해주지 않은 자신의 감정이 점점 두렵게 느껴져서 실제로는 아무도 찾아가지 못한다.

결국 마틴의 엄마가 마틴의 감정을 외면했던 것처럼, 마틴도 자신의 감정을 외면하고 거리를 두기로 결심할 수 있다. 만약 그렇다면 다음에 마틴이 학교에서 자신이 겪은 일을 털어놓고 싶어 어른인 누군가를 찾게 되더라도, 베니타 선생님을 찾지는 않을 것이다. 베니타 선생님은 마틴에게 공감해줄 사람이기 때문이다. '공감'은 마틴이 두르고 있는 갑옷을 무장해제시키는 위협이 된다.

왜 타인이 자신의 감정에 공감해주는 것이 오히려 자신에게 위협이 된다고 생각하게 될까. 당장 꺼내 보고 싶지 않은 내면의 감정을 다른 누군가가 보게 될 경우, 감정이 걷잡을 수 없이 커진다. 사실은 누군가에게 공감받고 위로받고 싶었던 내면의 욕구를 더 이상 억누르기가 힘들어지기 때문이다. 그때부터는 도저히 감정을 억제할 수 없게 된다.

마틴이 자신의 감정으로부터 끝내 도망칠 생각이라면 사람들의 친절로부터 자신을 차단해야 한다. 어떤 형태든 걱정 어린 관심은 마틴의 자제력을 흔들 것이다. 아마도 마틴이 어른을 찾아간다면 그것은 베니타 선생님과 정반대의 성향인 리버 선생님이 될 확률이 높다. 리버 선생님은 온갖 일로 머릿속이 분주하고 마틴의 약해진 감정을 감지할 안테나가 없는 냉정한 사람이기 때문이다.

이렇게 다른 사람으로부터 나 자신을 보호하려는 행동이 자주 반복되다 보면, 어느덧 그 행동은 자동화되고 무의식적으로 바뀐다. 가령 마틴은 어른이 되어 애인을 고를 때마다 쌀쌀맞고 자기 감정을 잘 드러내지 않는 사람만 계속 선택하게 될지 모른다. 하지만 마틴은 자신이 그렇게 하고 있다는 사실조차 까맣게 모른다.

슬프지만 자기보호 행동이 자동으로 튀어나오고 무의식적인 수준이 되어버리면 우리는 삶의 여정에서 길을 잃는다. 어째서 항상 내가 장애물에 부딪히는지, 어째서 원하지도 않고 당장 그만두고 싶은 반응이나 행동 패턴을 계속해서 반복하는지 도저히 이해할 수 없게 되어버린다.

자기보호가 자동화되는 과정은 자전거 타는 법을 배울 때의 원리와 비슷하다. 처음에는 페달 위에 발을 어떻게 올려놓을지, 어떤 순서로 놓을지를 골똘히 생각한다.

핸들을 쥐고 똑바로 중심을 잡을 때도 애를 먹는다. 하지만 일단 숙달되고 나면 그때부터는 굳이 이런 것들을 의식하지 않아도 몸이 알아서 저절로 움직인다. 자기보호도 마찬가지다. 자기보호가 무의식화되고 자동화된 뒤에는 나 자신에게 그런 행동 패턴이 있다는 사실을 자각하지 못한다. 애초에 이 모든 행동을 시작하기로 한 사람이 바로 나 자신이었다는 사실조차 인식하지 못한다. 그저 무심결에 이런저런 자기보호를 구사하며 살게 된다.

이렇게 자기보호는 무의식적으로 행해지는 경우가 비일비재하다. 그리고 어떤 경우에는 그 행동 패턴을 너무 오랫동안 사용하며 지낸 나머지 이를 실제의 자신과 혼동해서 자기 정체성의 일부라고 여기기도 한다. 자기 자신도 이해할 수 없는 행동을 하고도, 그것이 원래 자신의 성격에서 나왔는지 아니면 자기보호에서 나온 행동인지를 구별하기가 힘들어진다.

자신이 쓰는 자기보호를 자기의 일부라고 믿는 사람은 누가 자신의 행동을 지적하거나 다른 방식으로 대인관계를 맺어보라고 제안하면 불같이 화를 낸다. 그리고 이렇게 반응한다.

"저를 고치려고 하지 마세요. 저한테 신경 쓰실 필요 없습니다. 저는 그런 사람이 아닙니다. 제 문제는 내가 알아서 해요. 제가 이런 사람이라는 걸 받아들이는 법부터 배우시죠."

그리고 누가 그 말에 반론이라도 제기하면 자신에 대한 공격으로 받아들인다.

자신이 쓰는 자기보호와 빈틈없이 동화되어 있는 상태에서 무엇이 진짜 자신이고 무엇이 자기보호에서 나온 행동인지 어떻게 구분하고 알아차릴 수 있을까? 무엇보다 다음 사실을 깨달아야 한다. 즉, 내 안에는 나와 타인 사이에 거리를 만들고, 내면에서 생겨나는 갖가지 감정들을 분명하게 깨닫지 못하도록 방해하고, 나아가 살아가면서 겪을 수많은 상황을 있는 그대로 밝게 보지 못하도록 훼방 놓는 어떤 요인이 있다는 사실이다. 그 사실을 먼저 인정해야 한다. 그런 뒤에는 이러한 고착 상태를 바꾸어 놓겠다는 의지와 용기를 가져야 한다.

때로는 내가 나 자신을 방해한다는 사실, 다른 사람과 더욱 가까운 관계를 맺을 기회가 생겨도 나 스스로 그것을 걷어차버린다는 사실을 인식해야 한다. 그 사실을 인식하는 것만으로도 안전한 여정은 이미 시작된다. 물론 친밀함을 갈망하면서도 동시에 그것을 회피하는 모순된 행동을 자신이 어떤 식으로 하고 있는지를 당장 제대로 파악하기는 어렵다. 그러나 마음을 열고 지속적으로 관심을 가지며 자신을 정확하게 인식하려는 노력을 계속한다면 그것만으로 준비는 충분하다.

다음 장에서는 이처럼 막강한 자기보호가 특히 연애 관계에서 어떻게 더욱 잘 나타나는지 탐색해보자.

2장

상실의 슬픔을 딛고
새로운 사랑으로

사랑을 가로막는 잘못된 행동

책임감을 갖고 최선의 관계를 맺으라.
누구나 다치기를 두려워한다.
그 두려움을 벗어던져라.
지금 순간을 살며 관계를 즐겨라. 아니면 망치든지.

모란 아티아스(Moran Atias, 영화배우)

연인과 사랑하는 관계를 맺는 것처럼
충만한 경험은 없다.
그걸 알면서도 관계를 만들지 못하거나,
혹은 자신이 사랑할 수 없는 상대와
관계를 맺는 이유는 뭘까.
상실과 슬픔으로부터 자신을 보호하는 일이
오히려 자신에게 상처를 주고 있다면 어떻게 해야 할까.

상실에 대한 두려움을
감당하지 못하는 사람들

일반적으로 연애를 시작하면 기쁨이 늘어나고 삶이 더 충만해졌다는 느낌을 받는다. 그러나 한편으로 우리는 두 가지 유형의 막연한 슬픔을 느끼기도 한다. 하나는 내가 선택한 파트너 외의 다른 사람을 만날 수 있는 모든 가능성을 잃어버렸다는 데서 오는 슬픔이다. 특정한 누군가와 함께하기로 결정한 순간, 우리는 앞으로 만날 수도 있는 다른 모든 사람을 거절해야 하기 때문이다. 세상 어디에도 내가 원하는 모든 것을 가진 사람은 없다. 따라서 내가 누군가를 선택한다면, 나는 원했지만 그 사람에게는 없는 것은 포기해야 한다는 뜻이다. 아무리 사랑한다고 해도 자신이 가지지 않은 것을 상대에게 줄 수는 없기 때문이다. 이 포기가 첫 번째 슬픔이다.

두 번째는 앞으로 닥칠 슬픔이다. 우리는 사랑하는 사람을 언젠가는 잃는다. 만나다가 헤어지기도 하고, 아무리 오랫동안 관계를 이어간다 할지라도 결국은 누군가 한 사람이 먼저 죽는다. 그런 면에서 모든 연애는 아직 생겨나지 않은 슬픔이다. 만약 당신이 상실과 슬픔에 대한 두려움이 큰 사람이라면, 은연중에 당신은 누군가가 당신의 삶에 중요한 의미를 가지는 것에 저항해왔을지도 모른다.

그러나 잘 슬퍼할 줄 아는 사람은 새로운 사랑을 시작함으로써 앞으로 겪을 상실에 대해 처음만큼 두려워하지 않는다. 자신이 슬픔을 잘 극복할 수 있다는 믿음이 있다면, 새로운 사랑과 통찰이 기다리는 반대편 출구로

나가는 길을 무사히 찾아내리라는 확신이 있다면, 또다시 상실을 경험하더라도 예전처럼 자신을 집어삼킬 듯한 두려움은 다시 겪지 않는다.

사실, 슬퍼할 줄 알고 슬퍼할 시간을 충분히 갖는 일은 더할 나위 없이 중요하다. 하지만 우리를 둘러싼 세상은 이 중요성에 크게 주의를 기울이지 않는다. 실제로 상담실을 찾아온 사람들은 울적한 기분에 충분히 빠져 있을 새도 없이 항우울제부터 복용했고, 직장에서 얼른 정신을 차리고 산적한 일거리를 처리하라는 압박을 수도 없이 받았다고 털어놓았다. 이것은 불행한 일이다. 왜냐하면 사랑하는 능력과 슬퍼하는 능력은 떼려야 뗄 수 없이 연결되어 있기 때문이다.

엠마는 잘 슬퍼할 줄 아는 사람이다. 그녀는 몇 번의 연애를 경험했고, 다시 새로운 연애를 막 시작하려는 중이다. 그녀는 이번의 새로운 관계 역시 짧게 끝날 수 있다는 위험성을 잘 알고 있다. 하지만 그렇다고 해서 사랑하기를 주저하거나 움츠러들지 않는다.

"사귀다가 헤어지는 경험을 이미 몇 번 해봤기 때문에 실연이 그렇게 위험하다고 생각하지 않아요. 헤어지면 며칠 동안은 울며 슬퍼하겠죠. 마음을 털어놓을 사람도 찾고요. 그렇게 하다 보면 마음을 추스르고 새로운 사람을 다시 만날 수 있게 돼요. 시간문제더라고요."

그러나 소중한 것을 잃어버리는 슬픔을 두려워만 하는 사람에게, 연애는 그야말로 위험천만한 일이다. 많은 사람에게 상실은 고통스러운 일이지만, 상실이 두려워 연애 관계를 맺는 것 자체를 회피하고 있다면 그 두려움의 근원에 다른 이유가 있지는 않은지 돌아보아야 한다. 그 것이 자기보호가 자신을 방해하는 방식이기 때문이다.

연애를 시작하는 게
어렵게만 느껴진다면

우리는 누구나 어릴 때 상실을 경험한다. 그 상실의 종류는 다양하다. 어떤 상실은 견디기 힘들 만큼 큰 슬픔을 동반할 수도 있다. 그래서 피하려고만 하다가 슬픔을 제대로 처리하지 못한 채 넘겨버렸을 수 있다. 제대로 돌보지 못하고 묻어둔 감정은 사라지지 않고 우리의 의식 아래에 남는다. 만약 그렇다면 우리는 그때 외면한 슬픔을 지금까지 짊어지고 다니는 셈이다. 그리고 이 짐 때문에 새로운 상실에 대한 두려움은 더욱 커진다.

심리상담사로 내담자들을 만나면서 나는 깜짝 놀랄 정도로 많은 사람이 과거에 회피했던 슬픔을 크고 작은 형태로 지고 다니는 것을 목격했다. 가령, 너무 어려서 '다시는 볼 수 없다'는 것이 무슨 의미인지 잘 이해할 수 없었을 때 경험한 할머니나 할아버지, 가까운 어른의 죽음 같은 것들 말이다. 불과 몇십 년 전까지만 해도 아이들에게 죽음이 무엇인지 알려주는 일을 '막으려' 하는 문화가 있었다. 아이들 앞에서는 죽음에 대해 이야기하지 않거나, 가까운 어른이 죽더라도 아이들을 장례식장에 데려가지 않았다. 상실의 슬픔에 빠진 아이들은 어디서도 필요한 도움을 받지 못했다.

그런 경험들이 누적되다 보니, 많은 사람이 자기 인생

에서 홀연히 사라진 소중한 사람을 '잊어버린다.' 시간이 지나면서 점차 그 사람에 대한 기억이 희미해지는 게 아니라, 그야말로 그 사람의 존재 자체를 잊는다. 자신에게 소중했던 사람이 떠났다는 사실이 주는 슬픔과 혼란이 너무 크기 때문에 차라리 기억하지 않는 편이 더 나은 것이다. 그러나 존재하는 슬픔을 외면한 채로 계속 지니고 있다면 새로운 슬픔을 더욱 두려워할 수밖에 없다. 우리는 본능적으로 안다. 새로운 슬픔이 옛 슬픔을 자극해서 우리를 뒤흔든다는 것을. 내가 과거에 소중한 사람을 잊어버리고자 애써 둘렀던 자기보호의 막이 흔들릴 수도 있음을. 그래서 두려운 것이다.

외면하고 방치했던 슬픔은 심리치료 과정에서 모습을 드러낸다. 하지만 그 과정이 매번 고통스럽기만 한 것은 아니다. 소중했던 사람을 다시 기억해내는 일은 중요하다. 그 사람의 훌륭했던 점을 떠올리는 것은 물론 함께했던 좋은 기억들을 되찾아 자신의 인격 속으로 통합하는 일은 대단한 해방감을 준다.

그러나 안타깝게도 많은 사람이 이런 종류의 슬픔이

제대로 돌보지 못하고 묻어둔 감정은 사라지지 않고
우리의 의식 아래에 남는다.
많은 사람이 이렇게 과거에 회피했던 슬픔을
크고 작은 형태로 짊어지고 다닌다.
그리고 이 짐 때문에 새로운 상실에 대한 두려움은 더욱 커진다.

자기 안에 있다는 사실을 인식조차 하지 못한 채 평생을 보낸다. 그리고 그 슬픔이 의식의 지평으로 떠오르지 못하도록 부적절한 자기보호 행동을 수도 없이 한다.

그중 하나는 깊은 애착 관계가 생기지 않도록 미연에 방지하는 것이다. 이는 오래된 슬픔이 모습을 드러내지 않도록 회피하면서 새로운 슬픔을 만들지 않으려는 데서 온 잘못된 행동이다. 예컨대 연애를 길게 하지 못하는 사람들이 이런 경우다. 이런 사람들은 소위 교환 관계라고 부를 수 있는 적정선까지만 관계를 맺는다.

우리는 타인과 많은 것을 교환하며 살아간다. 내가 상대방을 위해 무언가를 해주고, 상대방도 나에게 어떤 것을 해준다. 예를 들어 누군가가 나의 좌절에 대해 듣고 위로해주고, 나 역시 누군가의 좌절에 대해 듣고 위로해줄 수 있다. 서로의 마음을 나누고, 상한 기분을 풀어주고, 서로를 즐겁게 해준다. 이런 교환 관계 자체는 잘못된 것이 없다.

그런데 만약 내가 현재 맺고 있는 인간관계가 단순히 그런 수준에만 머물러 있다면, 그 관계는 무언가를 빠뜨리고 있는 것이다. 특히 교환 관계에서는 여간해서 슬픔을 겪을 일이 없다. 이런 관계는 비교적 쉽게 다른 것으로 대체할 수 있기 때문이다. 그러나 만약 내가 누군가와의 관계에 깊이 몰입해 있다면, 그래서 상대가 나에게 유일무이한 존재이고 나의 행복이 어느 정도 그 사람과 결부되어 있다면, 그 사람을 다른 누군가로 대체하기란 너무나 힘들다.

실제로 대다수의 결혼이 교환 관계의 수준에 머문다. 두 사람이 만나 서로의 필요를 채워준다. 따로 살 때에 비해 생활비가 줄어든다. 하지만 이런 교환 관계로는 채워지지 않는 것이 있다. 아니, 더 이상 하지 못하게 된 것이 있다. 두 사람이 서로의 눈을 뜨게 해주거나 상대의 내면에 있는 정원에 꽃이 만개하도록 해주는 일이다.

교환 관계가 자기보호로 작동하면, 이런 따뜻하고 충만한 경험은 할 수 없다. 연애 관계를 두려워하는 사람은 상실을 경험하지 않기 위해 스스로를 보호하려는 경향이 있다. 이런 자기보호는 진정한 관계를 원하는 상대에게 상처를 주기도 하고, 자신이 진정으로 얻고 싶은 것을 얻지 못하게 방해하기도 한다. 하지만 자신이 연애 관계를 피하고 있다는 사실을 인지하지 못하는 사람이 무척 많다. 그들은 오히려 자신이 정말로 연애를 하고 싶어 한다고 굳게 믿는다. 그래서 왜 자꾸만 자신의 연애가 제대로 돌아가지 않는지 의아해한다. 그러나 무의식적인 차원으로 들어가면, 이들은 다른 동기로 움직인다. 다시 말해, 그들의 일차적 관심은 고통으로부터 자신을 보호하는 데 있다. 연애가 행여나 자신에게 너무 많은 의미를 지니게 되지 않도록, 연인 관계가 끝나더라도 지나치게 고통스럽거나 견디기 힘들지 않도록, 다양한 전략을 만들어낸다. 그 과정에서 자신의 연애를 스스로 망치는 일이 벌어지곤 한다.

연애 관계를 회피하는 사람들 중에는 한 사람을 선택했을 때 다른 사람을 만날 수 있는 모든 기회를 놓치는 슬픔을 감당하지 못해서 아예 파트너 선택 자체를 못 하는 경우도 있다. 앞에서 말한 두 가지 유형의 막연한 슬픔 중에서 전자에 해당하는 경우다. 흔히 이런 사람을 두고 '연애에 겁이 많다'라고 표현하기도 한다. 그러나 겁이 많다는 건 이들의 경우에는 사실이 아니다. 자세히 들여다보면 이들은 자신이 좋은 데이트를 이끌 자신이 없어서 연애를 피하는 게 아니라 관계가 한정될 때 가질 수 없게 되는 다른 가능성들을 놓치는 것을 견딜 수가 없어서 저울질만 하다가 연애를 시작하지 못하는 것이다.

내가 만난 사람들 중에는 분명 상대를 좋아해서 데이트했고, 두 번째 데이트를 하고 싶은데 이상하게 데이트 신청을 할 의지가 생기지 않는다는 이가 있었다. 그렇다고 그가 수많은 사람과 돌아가며 데이트를 하는 사람도 아니었다. 그는 자신도 누군가와 진정으로 사랑하는 관계를 맺고 싶다는 외로움을 토로했지만, 그 외로움을 막는 것이 자신의 무의식적인 행동임을 깨닫지 못했다.

지금까지 설명한 내용은 연인 관계에서 누구는 용기가 있고 누구는 겁쟁이라는 이야기를 하려는 것이 아니다. 만약 누군가가 그런 용기를 내지 못하고 있다면, 그 사람은 대개 아주 어릴 때 상실로 인해 큰 고통을 겪었고 그때 아무런 도움도 받지 못했기 때문일 수도 있다는 뜻이다. 그래서 사랑의 상실에 대해 극도로 예민해진 것이다.

한 내담자가 나에게 이렇게 말한 적이 있다.

"과거에는 그랬죠. 인생이라는 게임의 룰이 무엇이든 저는 그것과 상관없이 살고 싶었어요. 사랑도 하고 저 자신을 지키고도 싶었으니까요. 하지만 지금은 알아요. 안전함을 쫓으면서 내 인생을 낭비하여 훨씬 더 값비싼 대가를 치를지, 아니면 인생이라는 강물에서 헤엄치는 것에 익숙해지는 훈련을 해볼지 내가 선택할 수 있다는 걸요. 엄청나게 두렵고 떨리지만 그래도 헤엄치는 연습을 해보려고 노력 중이에요."

진정한 연인 관계를 맺는 것이 두려워 자기보호를 쓰는 사람을 우리는 주변에서 자주 만난다. 나 자신이 그런 사람일 수도 있다. 이 내담자의 이야기처럼, 우리는 상처받지 않으려고 인생에서 더 중요한 것을 놓치거나 포기하고 있는지도 모른다. 중요한 것은 자신이 관계를 두려워하고 있다는 사실을 제대로 알아차리고, 그것을 극복하기 위해 노력하는 일이다.

그렇다면 관계가 깊어지는 것이 두려워서 도망칠 때

우리는 어떤 행동을 할까? 연인 관계로 발전하는 것을 두려워할 때 쓰는 자기보호에는 어떤 것들이 있는지 더 구체적으로 알아보자.

내 안에 숨어 있던 두려움이 사랑을 가로막고 있었다

손안의 한 마리 새가 숲속의 두 마리 새보다 낫다는 서양 속담이 있다. 이는 멀리 있는 대상보다 내게 가까운 대상에 충실한 것이 좋음을 설명하는 말이다. 그런데 손안에 날아드는 한 마리 새처럼 누군가가 자신에게 가까이 다가올 때, 관계가 가까워지는 것을 무의식적으로 피하는 사람들이 있다. 이들은 자신에게 다가오는 사람에게 관심을 주기보다, 오히려 손이 닿지 않는 숲속의 새들에게만 끈질기게 관심을 쏟는다.

소피아가 그런 경우다. 소피아는 항상 자신과 사귈 가능성이 희박한 상대와 연애하는 공상에 빠지곤 한다. 그녀 자신도 이해할 수 없지만, 이미 파트너가 있거나 자신과 외모나 지성, 재력이 지나치게 차이가 나서 현실적으로 사귀게 될 가능성이 적은 사람들만 이상하게 눈에 들어온다.

소피아만 그런 것은 아니다. 이다는 항상 자신에게 별 관심이 없는 남성에게만 사랑을 느꼈다. 그녀는 아무도 자기를 좋아하지 않는다고 생각했다. 때로 누군가가 자신에게 관심을 보이고 있다는 것을 무의식적으로 느끼기도 했다. 하지만 이상하게도 그런 사람에게는 전혀 관심이 쏠리지 않았다. 반대로 상대방이 그녀에게 별 관심을 주지 않으면 그녀 쪽에서 감정이 불타올랐고, 혼자서 온갖 공상을 끝도 없이 펼쳤다. 상대에 대한 긍정적인 감정이 끊임없이 샘솟았고, 그 남자를 사랑할 수만 있다면 더는 아무것도 바랄 게 없겠다는 상상이 계속되었다.

하지만 사실 이다는 본인에게 속고 있었다. 이다는 예전의 사랑으로 너무 큰 상처를 받은 나머지 다시는 누군가를 사랑하거나 누군가에게 기대지 않으려 했다. 원하는 대상이 손에 닿지 않는 먼 곳에 있을수록, 또 어찌해

볼 방법이 없는 상대일수록, 그녀의 판타지는 더욱더 안전하게 보호되기 때문이다.

이다의 사례를 좀 더 자세히 들여다보자. 이다는 자신에게 확고한 애정이나 호의를 보이는 남자를 만나면 마음이 움츠러들었고, 상대에게서 좋지 않은 점만 찾아내는 자기보호 전략이 작동했다. 이다의 자기보호는 '다섯 가지 흠집 찾기'라고 부를 수 있다. 꼭 다섯 개에 한정되는 것은 아니지만, 그 정도의 흠집들이 발견될 때까지 상대의 사소한 단점을 계속 찾아내는 것이다.

예를 들면 이다는 남자의 바지통이 항상 너무 꽉 끼는 것 같아 계속 거슬리고, 그것이 창피하게 느껴진다. 남자의 허벅지가 너무 두껍다는 사실에만 집요한 관심이 쏠릴 때도 있다. 그런 남자를 보면 '허벅지가 저렇게 두껍다니. 저 허벅지 때문에 나는 절대 흥분이 안 될 거야' 하는 생각만 자꾸 든다. 그 외에도 그가 가진 별별 사소한 특징들이 엄청난 단점으로 느껴진다. 그렇게 단점이 점점 커져서 그녀가 상대방을 싫어해야만 할 중대한 결점이 되어버리는 식이다. 결국 이다는 얼마 못 가 남자를 차버린다.

이다는 애인이 있으면 좋겠다는 생각을 하면서도 실제로는 자신이 연애하는 상황을 얼마나 두려워하는지 알지 못했다. 손에 닿을 만한 사정거리 안에 실재하는 누군가와 사귄다는 것은 판타지 속의 모든 남자를 단념한다는 뜻과 같기 때문이다. 실재하는 '그'는 나름의 한계를 가진, 자기만의 필요와 욕구를 지닌 존재일 수밖에 없다. 안타깝게도 이다는 멋지고 근사하며 절대 손에 닿지 않는 곳에 있는 환상 속의 남자를 꿈꿀 때만 비로소 사랑을 계속할 수 있다. 그러나 그녀가 꿈꾸는 무제한적이고 무조건적인 사랑은 불가능하고 헛된 것이다.

도로시도 비슷한 패턴의 소유자였다. 버트와 결혼한 지 몇 년이 지났지만 그녀는 남편이 언제나 멀게만 느껴졌다. 상담을 시작했을 당시 도로시는 버트가 잘못한 일들에 과하다 싶을 정도로 집착하고 있었다. 그러나 상담이 계속되면서 도로시는 남편이 친밀하게 다가올 때마다 자신이 '다섯 가지 흠집 찾기'로 대응했다는 사실을 발견했다. 자신이 먼저 사소한 일로 시비를 걸고 싸움을 일으켰다는 것도 알게 되었다.

실제로 도로시는 남편에게 감정적으로 의지하게 될까 봐 두려워하고 있었다. 감정의 차원에 관한 한 도로시는 스스로를 돌보는 것이 안전하다고 느꼈다. 그렇게 해야만 남편을 잃어버릴지 모른다는 두려움에 전전긍긍하지 않을 수 있고, 남편과의 관계에서 혹시 자신이 한계를 넘은 것은 아닌지 긴장하지 않을 수 있기 때문이다.

소피아와 이다 그리고 도로시는 상담을 거치면서 결국 모두 용기를 냈다. 그리고 자신의 내면에 두려움이 얼마나 많았는지를 느끼고 받아들이면서 비로소 내적 성장을 시작할 수 있었다. 동시에 각자가 간절히 바라던 사랑과 유대감을 얻지 못하도록 가로막았던 자기보호도 조금씩 헐거워져 갔다.

상처받지 않기 위해, 자신을 안전하게 지키기 위해, 우리는 이렇게 사랑이라는 감정을 오롯이 상상 속에만 가

뒤 놓기도 한다. 누군가와 서로 거리를 좁히며 가까워지고 친밀해질 기회가 찾아와도 이런저런 방식으로 회피한다.

과연 우리는 나 자신을 보호하려는 행동이 도리어 나에게 해를 끼치는 자기보호의 악순환에서 벗어날 수 있을까? 자기보호가 이렇게 나를 옭아매는 덫으로 둔갑하는 상황에 대해 좀 더 알아보자.

이다는 환상 속의 상대를 쫓으며 구체적인 현실의 상대에게서는 흠을 찾는 경우였지만, 그와 반대의 양상을 보이는 이들도 있다. 연인에게 내어줄 것이 그리 많지 않거나, 상대에게 친밀감이나 따뜻함을 제공하고 싶다는 마음 또는 그럴 능력 자체가 부족한 상대만을 꾸준히 골라 구애하는 사람들이 있다. 이런 유형의 사람들은 상대방이 비록 지금은 소극적이고 폐쇄적으로 행동하지만, 내면 깊숙한 곳에는 사랑과 부드러움을 바라는 욕망이 엄청나게 많다고 믿는다. 이들은 상대가 정말 그런 욕망을 가지고 있는 사람인지 아닌지 판단하지 못한다. 그래서 언젠가는 그 사람이 나로 인해 자신의 욕망을 발견하고 무척 행복해할 것이라고 상상한다. 자신이 상대에게 일종의 구원자가 될 거라고 생각하는 것이다.

내가 누군가의 구원자가 되겠다는 생각은 때로 우리를 잘못된 안도감으로 이끈다. 상대를 어둠으로부터 구해내면 구원자인 나에게 상대방이 진심으로 감사해하고 행복해할 것이며, 또 그런 나에게 의존하게 될 것이므로 결코 내가 버림받는 일은 없으리라는 확신을 얻기 때문이다.

하지만 현실은 기대와 다르다. 개구리에게 키스한다고 해서 왕자로 변하지 않는다. 이런 일은 동화 속에나 존재할 뿐이다. 몇 년에 걸쳐 거듭해서 사랑을 듬뿍 담은 키스를 하고 또 한다 한들 그 사람은 변하지 않는다. 설령 상대가 진짜 긍정적인 방향으로 변한다 하더라도, 이제 그 사람은 새롭게 발견한 자신감을 발판 삼아 바깥세상으로 나아가 새로운 짝을 찾을 수 있다. 엄청난 빚을 진 누군가와 계속 함께 있어야 하는 부담을 견뎌낼 사람이 어디 흔할까?

당신이 만약 이런 덫에 걸려 있다면, 당신은 사랑과 안전이라는 두 마리 토끼를 모두 잡으려는 것이다. 그러나 세상 모든 일이 그렇듯 전부를 얻으려는 사람은 결국 아무것도 얻지 못한다.

건강한 연애를 위해서는
혼자 설 수 있어야 한다

오랫동안 연애를 못 했던 사람이라도 어느 날 진짜 인연을 만나는 행복한 일이 당연히 일어날 수 있다. 문제는 나에게 100퍼센트 맞는 사람을 찾겠다는 고집을 계속 부리는 경우다. 이것은 지나치게 이상적인 공상이거나 자기보호일 가능성이 높다. 실제로, 51퍼센트 정도 괜찮은 사람에게도 만족할 수 있다면 그 사람과 앞으로 하게 될 연애에서 내가 만족감을 느낄 확률은 훨씬 커진다. 나아가 나와 51퍼센트 맞는 사람에게 나를 내어주면 그 사람이 나에게 '꼭 맞는' 사람이 될 가능성도 점

만약 당신이 상실과 슬픔에 대한 두려움이

큰 사람이라면 은연중에 누군가가

자신의 삶에 중요한 의미를 갖는 것에 저항해왔을지 모른다.

그러나 자기 안의 두려움을 직면하고,

스스로를 자꾸 넘어뜨리던 자기보호를 벗어던지면

비로소 손안에 있는 한 마리 새의 소중함을 느낄 수 있다.

그렇게 새로운 사람과 새로운 통찰이

기다리고 있는 출구로 나아갈 수 있다.

차 높아진다.

무엇보다 이런 만남을 통해 나 자신도 달라질 수 있다. 새로운 사람과 관계 맺고 새로운 경험을 나누면서 나 역시도 완전히 새로운 무언가를 경험하게 된다. 과거의 나라면 하지 않았던 일에 다가갈 수 있고, 이전에는 만나지 않았던 사람들과 가까워지게 될지도 모른다. 상대가 처음에는 별로 대단해 보이지 않았더라도, 두 사람 모두가 관계 속에 충분히 발을 들여놓고 서로가 더 충만한 경험을 할 기회를 계속 열어두기만 한다면, 그가 결국에는 나의 '이상형'이 되는 일이 가능하다. 즉, 사랑 안에서 평온함을 얻는 또 다른 방법은 본인 스스로가 '이상형'이 되려고 노력하는 것이다. 여기에 관해 조금만 더 이야기해보자.

우리는 누구나 '충분히 좋은' 사람이 되려고 평생 동안 애를 쓴다. '충분하게 좋은'이라는 말은 그 누구도 부인하지 않을 만큼 좋은 사람이라는 의미로 흔히 들린다. 내일도 그리고 앞으로도 영원히 사랑받을 것이 확실하다는 뜻이다. 하지만 이런 목표는 처음부터 실패가 예정된

프로젝트다. 누군가에게 변치 않는 확신을 줄 수 있을 정도로 좋은 사람이 되겠다는 생각은 환상에 불과하다. 이런 안전한 관계는 세상에 존재하지 않는다.

당신은 연인이나 배우자의 취향이 바뀌지 않으리라고 확신할 수 있는가? 그들이 원하는 삶의 방향이 달라지지 않을 것이라고 장담할 수 있는가? 그 누구도 확신할 수 없다. 삶이란 끊임없이 움직이고 변화하기 때문이다. 우리는 언제나 변화의 과정 가운데에 있다. 용기 내서 변화하는 삶의 흐름에 맞춰 현재의 이 순간을 살아야 한다. 어쩌면 변화하지 않을 때 관계에 더욱 문제가 생긴다.

오히려 '이상형' 노릇에 집착한다면 우리는 우리에게 주어진 현재를 충실하게 살아갈 수 없다. 현실을 회피하지 않고 사는 일이 불가능해진다. 사랑하는 사람과 건강하고 긍정적인 관계를 이루려면, 나와 상대방 모두가 좋을 때나 나쁠 때나 독립적으로 홀로 설 수 있는 사람이 되어야 한다.

지금까지 보아왔듯 우리는 스스로 선택했고 누구보다 친밀해지기를 원하는 연인과의 관계에서도 슬픔과 고통을 피하기 위해 무의식적으로 수많은 자기보호를 사용한다. 그리고 불행하게도 바로 이 자기보호 때문에 우리가 가장 깊이 열망하는 것을 우리 스스로 기피하게 되는 역설이 생긴다. 다음 장에서는 우리가 사용하는 여러 자기보호 행동의 가장 핵심적인 토대가 되는, 가장 근본적인 자기보호 전략에 대해 이야기해볼 것이다.

그것은 바로 자신의 어린 시절과 그때의 부모에 대해 실제와 동떨어진 황금빛 그림을 그리는 것이다. 의외로 많은 사람이 이렇게 부모를 이상화하는 전략을 사용한다. 하지만 부모를 이상적인 인물로만 여기고, 과거나 현재의 부모를 평범한 개인의 모습 그대로 보지 못한다면 어떻게 될까? 나의 뿌리가 되는 과거를 왜곡해서 바라볼수록, 나 자신을 실제 현실로부터 분리시키는 결과를 낳는다. 그로 인해 삶을 헤쳐나가는 데 어려움을 겪는다.

부모를 부정적으로 왜곡해서 인식하는 것도 바람직하지 않지만, 무작정 이상화하는 것도 자신에게 도움이 되지 않는다. 부모와의 관계에서 자기보호가 어떻게 만들어지기 시작하는지, 또 그것이 어떻게 점차 강화되어 내

발목을 잡고 관계 맺기를 방해하는지 아는 것은 중요하다. 다음 장에서 자기보호의 중심축이 되는 부모 이상화에 대해 알아보자.

3장

어린 시절,
나는 상처받고 싶지 않았다

내 안의 어린아이를 해방시켜야 하는 이유

부모의 모든 말, 표정, 몸짓과 행동은
아이에게 자아 존중감에 대한 메시지를 준다.
많은 부모가 자신이 어떤 메시지를 보내는지
깨닫지 못한다는 것은 슬픈 일이다.

버지니아 사티어(Virginia Satir, 심리상담사)

누구나 부모로부터 관심과 애정을 받지 못해 생긴
크고 작은 결핍들이 있다.
놀라운 것은 '행복한 어린 시절'을 강조하는 이들일수록,
그런 결핍의 정체를 깨닫지 못한다는 것이다.
그 정체를 깨닫는 일은 고통스럽다.
부모를 있는 그대로 인지한다는 것은,
자신이 눌러두었던 힘든 감정들을 들추는 일이기 때문이다.

완벽한 부모 밑에서 자랐는데
지금 왜 불행할까?

자신의 어린 시절과 부모님에 대해 지나치게 미화된 기억을 가지고 있는 사람들이 있다. 아이리스도 그런 사람 중 하나였다. 그녀는 나를 처음 찾아왔을 때까지만 해도 자신은 어린 시절에 아무런 문제가 없었다고 철석같이 믿고 있었다.

"제 인생이 왜 이렇게 됐는지 정말 모르겠어요. 어릴

때는 마냥 행복했거든요. 부모님은 저를 정말 많이 사랑해주셨어요. 엄마는 전업주부였고 집에는 항상 사람이 있었죠. 정말로 안락한 가정이었어요. 부족한 것 하나 없는 풍족한 유년기였다니까요. 그런데 지금 이렇게 선생님이랑 마주 앉아 있다니, 어처구니가 없네요. 이건 아무도 몰라요. 특히 우리 부모님은 절대 모르셔야 해요."

그러나 아이리스의 말처럼, 마냥 좋기만 했던 유년 시절을 보낸 사람은 세상 그 어디에도 없다. '완벽한 부모'란 존재하지 않는다. 누구나 부모 역할을 수행하며 시행착오를 겪는다. 때로 잘못을 저지르기도 하고, 자기 자신을 돌보는 일만으로도 벅차서 자녀에게 관심을 기울일 여력이 남아 있지 않을 때도 있다. 누구나 완벽하지 않은 부모 밑에서 자라기 때문에 우리는 모두 부모에게 받은 크고 작은 상처가 있다. 이것은 지극히 자연스러운 일이다. 그런데도 어떤 사람들은 자신의 어린 시절이 좋기만 했다고 여긴다.

내가 경험한 바를 되짚어보면, 자신의 어린 시절이나

자신의 부모에 대해 묘사할 때 최상급 형용사를 많이 쓰는 사람일수록 실제로는 어렵고 힘든 어린 시절을 보낸 경우가 많았다. 아이리스도 그랬다. 상담을 진행할수록 아이리스가 부모님에게 진정한 관심과 사랑을 받지 못한 채 유년기를 보냈던 사실이 조금씩 드러났다.

반대로 전반적으로 좋은 어린 시절을 보낸 사람은 그 시절이 얼마나 좋았는지를 애써 강조할 필요가 없다. 그런 이들은 그저 따뜻하고 감사한 마음으로 자신의 부모에 대해 편안하게 이야기한다. 무엇이 좋았고 무엇이 힘들었는지를 말할 때도 담담하게 이야기한다.

자신의 어린 시절이 좋기만 했다고 애써 강조하는 내담자들이 부모님의 훌륭함을 주장할 때면 으레 쓰는 표현이 있다. 바로 "부모님이 나에게 항상 관심이 많았다"라는 말이다. 그렇다면 관심이 많으면 많을수록 좋은 것일까? '부모님이 나에게 관심이 많았다'는 말이 부모에게 충분한 보살핌을 받았다는 뜻이 될 수 있을까?

관심에는 두 가지 형태가 있다. 먼저 우리는 누군가가 잘 살아가고 있는지, 삶의 여러 영역에서 자신의 역할을 잘 해내고 있는지에 관심을 가질 수 있다. 가령 나와 함께 사는 배우자가 잘 지내고 있는지 충분히 궁금할 수 있다. 그것이 나의 기분, 나의 경제 상태, 나의 사회적 위신에 반드시 영향을 미치기 때문이다. 그와 마찬가지로 세상의 모든 부모는 자녀가 잘 살고 있는지에 관심이 있다. 그래야 자신이 좋은 부모라고 느낄 수 있기 때문이다. 부모는 자녀의 행복에서 기쁨을 느끼고, 자녀를 통해 자부심을 경험한다. 이런 식으로 우리는 어떤 대상 자체가 아니라 제3의 다른 목적을 얻고자 관심을 가질 수도 있는데, 자녀에 대한 부모의 관심 역시 그럴 수 있다. 이를 다른 목적을 위한 관심이라고 불러보자.

나의 자녀 혹은 파트너의 내적인 감정에 따뜻한 관심을 갖는 것은 이런 '다른 목적을 위한 관심'과는 전혀 다르다. 누군가를 가능한 한 잘 이해하고자 노력하는 것, 그가 가진 독특한 개성을 탐색하고 발견하기를 원하는 것, 그의 내면에 관심을 갖되 그라는 존재 자체를 위하는 것 그리고 그의 입장에서 생각하는 것 등은 전혀 차원이 다른 문제다.

한 내담자가 상담 중에 내게 이런 고백을 했다.

　"어른들이 저를 물건 대하듯 길렀다는 걸 이제 알겠어요. 제 마음이 어떤지 알고 싶어 하는 사람은 아무도 없었어요. 제 진짜 속마음이 무얼 원하고 무얼 바라는지, 아무도 물어보거나 관심 가져주지 않았어요. 부모님은 제가 어떤 사람인지 그냥 다 알고 계신 것처럼 행동했고 제 마음을 알아보려는 노력을 전혀 하지 않았어요. 저는 그분들이 미리 정해놓은 모습대로 살기 위해 노력했고요."

　그녀는 상담을 해나가면서 어린 시절에 느꼈던 외로움을 조금씩 기억해내고 다시 느낄 수 있었다. 묻어두었던 외로움을 다시 꺼내 정면으로 마주하는 일은 고통스러웠다. 하지만 동시에, 그녀는 지금 자신이 대단히 어려운 시도와 노력을 하고 있다는 사실을 뿌듯하게 생각했다. 어린 시절의 외로움을 묻어둔 채로 과거에 머무르지 않기 위해, 우선 그녀는 더 이상 부모님이 규정한 모습으로 살려는 노력을 그만두었다. 그다음에는 자신이 진짜로 어떤 사람이었는지를 발견하고자 노력했다.

또 다른 여성은 상담 과정에서 자신이 엄마로서 자녀에게 가졌던 관심이 '자녀를 위한' 것이 아니라 '자녀로 인해' 제3의 것을 얻으려는 관심이었음을 고통스럽게 깨달았다. 그녀는 이렇게 말했다.

"엄마가 되니까 제가 엄마 역할을 잘 해내지 못할까 봐 덜컥 두려워졌어요. 아들을 볼 때마다 제가 제대로 하고 있는지 아닌지를 보여주는 표시들만 강박적으로 찾았고요. 아이가 슬프다고 하면 저는 그걸 제가 좋은 엄마가 아니라는 표시로 받아들였어요. 그래서 아이가 느끼는 슬픔을 함께 공감해줄 수가 없었어요. 아이의 슬픔에 세심한 관심을 주는 대신에, 아이를 기쁘게 만들어서 슬픔을 지워버릴 만한 수만 가지 활동을 찾아냈죠. 그 아이만을 위한 관심, 그 아이의 마음을 위한 관심을 기울일 여력이 저에게는 거의 없었던 거예요."

내담자들에게 어린 시절이 어땠냐고 물으면, 그들은 자신의 어린 시절을 이야기하기보다는 오히려 현재 자신의 육아 능력에 관해 갑자기 엄청난 집착을 보이기 시작한다. 그러면서 자신이 부모로서 가진 결점을 발견하고는 몹시 애통해한다. 그러나 대개 이런 행동 또한 자기 보호의 한 형태이다. 부모의 결점을 보지 않기 위한 방어 행동인 것이다. 그들은 어떤 경우든 부모의 결함을 깨닫느니 자신의 결함에 집착하는 편이 더 낫다고 믿는다. 부모란 완벽해야 하는데 자신 또한 그렇지 못하다는 사실을 통해서 자기 부모의 잘못을 가리려는 것이다.

이것은 그들을 평생 따라다니는 강박이기에 쉽게 떨칠 수가 없다. 이렇게 해서 그들은 부모에 대한 이미지를 한동안 더 보호한다. 나중에 설사 부모가 자신이 생각했던 것처럼 그렇게 완벽한 사람들이 아니었다는 사실을 알게 되더라도, 그분들의 과오는 나의 결점에 비하면 사소할 것이 아닌가!

오해 없기 바란다. 이것은 결코 부모로서 자신의 양육 태도를 되돌아보고 자신이 가진 문제에 집중하는 것이 나쁘다는 뜻이 아니다. 자녀와의 관계를 개선하기 위해 인식을 새롭게 하는 것이 해롭다는 뜻도 아니다. 다만 여기서 강조하려는 것은, 부모로서 자신에 대해 지나친 죄책감을 갖기 전에 세상 어떤 부모도 완벽할 수 없음을 받아들이자는 것이다. 자라는 과정에서 부모로부터 받은 마음의 상처나 아픔으로부터 완벽하게 자유로울 수 있는 아이는 한 명도 없다는 사실을 먼저 기억해야 한다.

그리고 어린 시절에 결핍이나 상처를 경험하는 것은 아이에게도 어느 정도 필요하다. 마음의 상처와 고통은 종종 훌륭한 성장의 기회가 된다. 어느 정도의 역경은 어린아이와 청소년에게 약이 된다. 우리는 성장 과정에서 역경을 통해 성숙해진다. 역경을 겪어나가며 그 이전의 환경에서는 깨닫지 못했던 자신의 새로운 모습을 발견하기도 한다. 만약 그런 경험을 하지 못한다면, 우리는 동면 상태로 자신의 내면에 잠자고 있는 다양한 영역들을 깨우고 발전시킬 수 없다.

물론 부모라면 자녀가 역경을 겪지 않기를 바란다. 자녀에게 내가 가진 것 이상으로 조금이라도 더 주려고 노력한다. 그런 노력은 매우 숭고하다. 내가 가지지 않은 것을 누군가에게 주는 것은 특히 어려운 일이다. 그 일에 성공한다면 우리는 진정한 사랑과 친밀감이라는 긍정적인 유산을 자녀에게 조금 더 남겨줄 수 있게 된다. 하지만 부모라고 해서 모든 일을 잘할 수 있고, 잘해야 한다고 믿는 것은 너무 위험한 생각이다. 어느 날 꽁꽁 감춰져 있던 현실이 민낯을 드러내면, 패배감과 위기감을 맞닥뜨릴 수밖에 없다.

내담자에게 부모님에 대한 이미지가 어떠냐는 질문을 던지면 불같이 화를 내거나 짜증을 부리는 경우가 있다. 많은 내담자가 그런 주제를 꺼내는 것만으로도 대단한 거부감을 보인다. 어느 내담자는 "부모님을 배신하는 것 같아요"라고 속마음을 토로했다. 어쩌면 그런 생각이 드는 게 당연하다. 부모를 객관화한다는 것은 위험한 영역 속으로 한 걸음 들어가는 것이나 마찬가지다. 부모를 이상화하는 것은 한 개인이 평생을 통해 행하는 모든 자기보호를 떠받치는 중심축이기 때문이다. 그동안 내가 쌓아온 내면의 중심축이 흔들릴 수도 있는 작업이라는 뜻이다.

왜 어떤 이들은 이상화된 부모 이미지를 자연스레 떠나보내지 못할까? 그 이유는 부모에 대한 이상화 작업이 대단히 비싼 대가를 치르며 이루어졌기 때문이다. 그러니 그간 자신이 해온 노력을 배신하는 듯한 마음도 든다. 그러나 부모를 현재 혹은 과거의 모습 그대로 똑바로 바라보지 못한다면, 나 자신의 모습도 올바로 바라볼 수 없다.

이상화된 부모상은 내가 생각하는 나의 이미지에 두 가지 방향으로 영향을 미친다. 다음에서는 이 부분을 다루어볼 것이다.

완벽한 부모,
완벽한 어린 시절은 없다

먼저 부모를 무결점의 대단한 존재로 생각하는 것은 자기 자신도 부모와 똑같이 결점이 없다고 여기는 태도를 낳을 수 있다. 이런 방식의 자기보호 기제가 작동되는 사람은 살아가면서 부딪히는 어려움을 모두 내가 아닌 다른 사람이나 외부 환경 탓으로 돌리는 경향이 있다. 그들은 다른 사람과 의견이 맞지 않으면 그가 자신을 질투해서 그렇다고 믿기도 한다.

또 자신이 불행한 이유를 배우자나 연인을 잘못 만났거나, 자신의 진가를 알아보지 못하는 끔찍한 상사를 만났기 때문이라고 여기기도 한다. 그리고 이렇게 결론짓는다. 만약 배우자가 이렇게까지 문제가 많은 사람이 아니었다면, 만약 상사가 그렇게까지 인정머리 없는 사람이 아니었다면, 혹은 그게 무엇이든 외부 상황 가운데 자신이 잘못되었다고 여기는 바로 그 문제만 없다면, 지금 자신은 행복하게 별 문제 없는 삶을 살고 있을 것이라고 말이다.

이런 생각에 갇힌 사람들이 가장 두드러지게 보이는 자기보호는 '투사'이다. 투사는 이미 내 안에 있는 문제나 앞으로 문제가 될 만한 측면을 인정하지 않고, 항상 다른 사람에게서만 부정적인 면들을 발견하게 한다.

심리치료를 하면서 만난 내담자 가운데 부모님이나 자신에 대해 이런 종류의 왜곡된 인식을 보이는 사람은 거의 마주치지 못했다. 그들은 상담실을 찾아오지 않는다. 그러한 사람들 중에 자신의 문제를 스스로 파악하고 있는 사람은 극히 드물다. 그들은 자신이 치료가 필요한 사람이라고 절대 생각하지 않는다.

오히려 그들의 아내, 남편, 아이들과 같은 주변 사람들을 상담실에서 자주 만날 수 있었다. 실제로 힘든 시간을 보내는 쪽은 그들의 주변 사람들이었다. 낮은 자존감으로 고통받는 쪽도 그들의 주변 사람들이었다. 그들이 자신을 이상화하면서 스스로는 결코 느끼지도, 인정하려 들지도 않는 내면의 어두운 측면들을, 오히려 그와 가까운 사람들이 부지불식간에 자신의 짐으로 짊어지게 되기 때문이다.

이와는 반대로, 부모에 대한 과도한 이상화가 자기 비하로 이어지는 경우도 있다. 어떤 이들은 '엄마나 아빠에게 잘못된 점이 없는데 나는 왜 이렇게 힘들까?' 하고 고민하다가 그 이유를 이렇게 짐작한다. '내가 충분히 좋은 사람이 아니라서 그렇구나!' 이런 식으로 부모를 실제보다 더 훌륭하게 여기고, 자신은 실제보다 더 못난 사람으로 만든다.

이처럼 어떤 사람들은 낮은 자존감과 자신에 대한 부정적인 인식을 대가로 이상화된 부모상을 유지한다. '나는 충분히 좋은 사람이 아니다'라는 태도가 이상적인 부모상이 훼손되지 않게 보호하는 역할을 한다.

이렇게 자신을 비하하면서까지 부모를 이상화하려는 이유는 무엇일까. 우리가 이상적인 부모상을 유지함으로써 얻을 수 있는 이득은 무엇일까. 이는 자신이 부모로부터 넉넉하게 사랑받지 못했거나, 아니면 더 나쁘게는 아예 사랑받지 못했다는 사실을 자각하지 못하도록 스스로를 보호하기 위한 행동이다.

어쩌면 이것은 어린 시절 한때는 나를 지키는 괜찮은 전략이었을 것이다. 그러나 성인이 된 이후에는 대부분 사랑받지 못한다는 느낌을 충분히 견뎌낼 수 있다. 마음을 단단히 먹고 이 불편한 감정을 내적 경험의 일부로 느낄 수 있다. 그렇게 함으로써 우리는 실제 삶으로부터 나 자신을 분리시키는 수많은 자기보호의 '사기'에서 벗어날 수 있다.

한편 우리는 자기 이상화와 자기 비하라는 두 가지 함정에 번갈아 빠지기도 한다. 어떤 순간에는 스스로를 대단히 훌륭한 사람으로 여기다가도, 또 어떤 순간에는 자신이 별 쓸모없는 존재라는 생각에 짓눌린다.

이 두 가지 덫은 우리가 어린 시절 부모에게서 배우고 습득한 행동 패턴을 두 가지 방향으로 반복하고 있음을 잘 보여준다. 그 첫 번째는 능동적인 방향이다. 자신을 부모와 동일시하고, 부모가 자기를 대하던 것과 똑같은 방식으로 다른 사람을 대한다. 예를 들어 부모에게 자주 비판을 들었다면, 어른이 되어서도 다른 사람을 잘 비판하는 사람이 되는 식이다.

두 번째는 수동적인 방향이다. 이런 사람은 왜인지 자신을 비판하는 이들과 같이 있을 때가 많다. 또 그들의 비판을 반박해보려는 진지한 시도 한번 없이 그대로 수용하는 일이 잦다. 이렇게 행동하는 이유는 비판을 듣는 입장이 되는 쪽이 비판을 하는 쪽보다 자신에게 더 친숙하고 자연스럽게 느껴지기 때문이다.

만약 우리가 부모가 하던 행동 방식을 수동적이거나

능동적인 형태로 반복한다면, 그럼에도 자기에게 무슨 일이 일어나고 있는지 전혀 의식하지 못한다면, 우리는 부모의 행동에 의문을 가지거나 비판하지 못하도록 자기보호를 쓰고 있는 것이다.

현실을 부정하는 어린아이가
자신을 지키는 법

그렇다면 우리가 부모님을 이상화하는 이유는 무엇일까? 어린 시절 내가 난처하고 어려운 상황에 처했을 때, 도대체 그것은 어떤 식으로 효과적인 해결책 역할을 했던 것일까?

예를 들어, 부모들 중에는 정서적인 차원에서 어떤 근본적인 부분이 결여된 사람이 있을 수 있다. 자신의 자녀만이 아니라 그 누구하고도 공감하지 못하는 사람이 있다. 그런 사람이 부모가 되기도 한다. 하지만 아무리 모자란 부모일지라도 그 아래서 자라는 아이는 어떻게든 부모의 결점을 보지 않으려 애를 쓴다.

여기에는 보통 두 가지 이유가 있다. 첫 번째는 아이들이 자신을 부모의 일부분으로 여기기 때문이다. 그래서 아이들은 자신의 부모를 반드시 좋은 사람으로 생각하고 경험하려 노력한다. 두 번째는 자신의 안전과 생존을 전적으로 책임지고 있는 두 어른이 부모로서의 자질이 부족할 수 있다는 생각 자체가 아이에게는 공포이기 때문이다. 그런 생각은 어린아이들의 머릿속에 떠오르는 즉시 억압된다. 대신에 나의 엄마 아빠는 강하고 유능하고 나를 사랑해주는 존재라고 상상하며, 그에 걸맞은 이미지를 세운다. 현실이 결코 그렇지 않다 할지라도 아이들은 그렇게 한다. 그리고 자신이 설정한 이미지와 반대되는 신호에 대해서는 눈과 귀를 닫는다.

이런 전략은 어린아이가 스스로를 보호하는 데에는 도움이 되었을 것이다. 무력하고 힘없는 아이가 두려운 현실을 상대할 방법은 이것 외에 달리 없기 때문이다. 이처럼 어린아이들은 현실의 결함을 보완하고 지금 자신에게 절실히 필요한 안전을 얻기 위해 또 다른 현실을 상상으로 만들어낸다.

　문제는 어른이 되었을 때도 이런 상상이 계속되는 경우다. 실제 현실의 삶보다 머릿속에 스스로 구축한 상상을 더 신뢰할 때, 삶은 삐걱대기 시작한다. 만약 우리가 아버지와 어머니를 이상화하며 그들의 결점이 드러나는 순간에 눈과 귀를 닫아왔다면, 이런 태도는 우리가 자녀나 배우자 혹은 애인과 관계 맺을 때도 비슷하게 반복된다. 그리고 이럴 때 우리는 그들과 진정한 유대감을 맺지 못한 채 무방비 상태로 홀로 남겨진다.

　나를 찾아왔던 한 내담자도 그랬다. 그녀는 평생 동안 현재의 감정이나 느낌에 충실하기보다는 자신이 머릿속으로 그린 환상을 더 믿으며 살아왔다. 그녀는 매우 오랫동안 한 남자와 연인 관계를 유지해왔다. 그러나 연인 관계를 맺고는 있었지만, 그와 사랑하는 관계에서 나눠야 하는 친밀함과 유대감을 느끼지는 못했다. 그녀는 연인 관계란 으레 이런 것인데, 본인이 유난히 외로움을 느끼는 사람이어서 만족하지 못한다고 생각하고 있었다. 그러다 마침내 긴 상담 과정이 끝나던 날, 그녀는 절규하듯 말했다.

"돌이켜보니 너무 충격적이에요. 저는 그 남자가 저를 정말 좋아하기는 하는지 제대로 따져볼 생각은 한 번도 안 하고 그 긴 연애를 한 거잖아요. 그냥 내가 나한테 '당연히 그이는 날 사랑해.' 이렇게 말해왔던 것뿐이었어요. 그런데 전혀 아니네요. 현실을 똑바로 바라보니 절대 그게 아니었다는 걸 이젠 알겠어요."

그녀는 자신이 이런 상황을 너무 늦게 깨달았음을 한탄했다. 진즉 깨달았다면 자신의 의지로 다른 선택을 하거나, 새로운 변화를 만들 수도 있었을 텐데 말이다. 이것은 현실 속에서 구체적으로 파악한 것이 아닌 본인의 생각이나 상상을 기준으로 하여 살아갈 때, 상황이 얼마나 잘못될 수 있는가를 보여주는 한 가지 사례다.

다음에서는 이런 식의 자기보호가 어떻게 생겨나며, 또 어떤 식으로 우리의 삶을 사정없이 파괴하는지를 보여주는 사례를 소개하고자 한다.

"이제 나는
스스로를 지킬 수 있어요"

어릴 때 우리는 이런저런 결심들을 한다. 그리고 자신이
결심했다는 사실조차 새카맣게 잊어버리기도 한다. 상
담실을 찾은 한 중년 남성은 자신이 어린 시절 했던 결
심에 대해 이렇게 말했다.

"아주 어릴 때 저는 '나는 내가 돌보겠다', '누구한테도
의지하지 않겠다'고 결심했어요. 그 결정이 당시의 어린
제가 유일하게 떠올릴 수 있는 방법이었죠."

이 남성은 어린 시절 부모로부터 충분한 관심과 도움
을 받지 못하는 상황에서 스스로를 지키기 위해 이런 결
심을 하게 되었다. 이 결심이 무의식적이고 자동적인 것
으로 변하기까지는 오랜 시간이 걸리지 않았다. 이렇게
자기보호가 자동화되면 본인의 성격 가운데 이 결심과
충돌을 빚는 부분은 의식에서 차차 지워진다. 그리고 이
런 식으로 살다 보면 점차 자신이 사랑을 갈망하고, 또
다른 사람과 친밀하게 관계 맺기를 갈망하는 마음이 있

었다는 사실조차 잊게 된다.

여러 번 이야기했지만 대부분의 자기보호는 어린 시절 초반에 형성된다. 그 시기에는 이런 자기보호가 힘없는 어린아이가 맞닥뜨린 힘겨운 상황을 해결할 수 있는 최선의 방법이었다. 그러나 자기보호는 점차 무의식적으로 변하고, 훗날 성인이 되어 어린 시절 겪었던 것과 비슷한 위기 상황을 만나면 자동적으로 튀어나온다.

마리아의 경우를 예로 들어 살펴보자. 그녀는 남자친구가 다정하게 다가오는 순간 자신도 모르게 매몰차게 밀어낼 때가 있다. 그녀 스스로도 자신이 왜 그러는지 통 이유를 알 수가 없다. 아마도 자기보호 전략이 만들어졌던 과거의 상황 속에 답이 있을 게 분명했다. 이럴 때는 과거의 상황을 떠올려 새로운 방식으로 경험하고, 극복하고, 말로 정확히 표현해볼 필요가 있다.

마리아는 종종 이런 이야기를 하곤 했다.

"깊이 들여다보면 저는 사랑받을 만한 가치가 없는 사람이에요. 누군가에게 제가 별 볼 일 없는 사람이라는 걸

들키고 싶지 않아요. 다른 사람과 너무 가까워지지만 않으면 아무도 눈치채지 못할 거예요."

마리아는 어린 시절에 다른 사람들과 거리를 두겠다는 결심을 했다. 그러나 자신이 그런 결심을 했다는 사실을 전혀 기억하지 못하고 있었다. 상담을 진행하면서 그녀는 비로소 자신이 현재 다른 사람들에게 사용하고 있는 자기보호에 관심을 두기 시작했고, 어린 시절의 결심을 떠올릴 수 있었다. 그 결과 마리아는 단단한 선입견이 생겨났던 상황을 기억해내고 어느 정도 극복할 수 있었다.

그러자 이번에는 더욱 현실적인 이야기가 새롭게 모습을 드러냈다. 마리아가 새롭게 풀어놓는 이야기는 다음과 같았다.

"저는 그때 도움이 필요한 아이였어요. 하지만 부모님은 저를 도와줄 만한 능력이나 기술이 부족했죠. 저는 문제가 있는 아이가 결코 아니었어요. 아무리 생각해도 그때의 저는 그냥 힘든 일을 겪고 있는 평범한 아이였어요. 제아무리 똑똑한 아이라도 절대 혼자서는 해결할 수 없는 문제를 혼자 해결하겠다고 버둥대는 중이었어요.

그러나 이제 저는 어른이 됐어요. 더 이상 옛날의 아이처럼 다른 사람에게 목숨 걸고 의지하지 않아요. 인생이 예전처럼 그렇게 위험하지만은 않다는 것도 알겠고요. 그러니 사람들과 가까이 지내면서 나를 좀 더 보여주고 나누는 게 기분 좋은 일인지 아닌지 지켜보는 것도 좋을 것 같아요."

마리아는 좀 더 자존감을 높이고 새로운 결심을 할 용기를 냈다. 그리고 그 결심대로 사람들이 자신에게 좀 더 다가올 수 있도록 곁을 내어주는 연습을 할 것이다.

마리아의 경우 외에도 부모에게 충분한 관심과 도움을 받지 못한 아이가 어른으로 자랐을 때 겪을 수 있는 여러 종류의 어려움이 있다. 이렇게 생겨나는 자기보호 중에는 아주 치명적인 유형도 있다. 다음에 살펴볼 이 자기보호 유형은 살아가면서 반드시 바로잡아야 한다. 사례를 통해 자세히 살펴보자.

나만은 언제나
내 편이 되어주어야 한다

자기가 사랑받고 있는지를 확신하지 못하는 아이들은
자기 자신보다 부모의 편을 드는 경향이 있다. 이런 아이
들은 부모에게서 꾸지람을 들으면 나중에 이리저리 왔
다 갔다 하면서 엄마나 아빠가 했던 말과 똑같은 표현으
로 자신을 꾸짖으며 혼잣말을 하곤 한다. 아이들이 이런
행동을 하는 것은 자신을 엄마나 아빠와 동일시하고 있
다는 뜻이다. 아이들은 이런 행동을 통해 부모와 함께 있
다는 느낌을 받는다.

그러나 내가 내 편을 들어주지 않으면 우리는 정말로
혼자가 된다. 나조차 내 편이 아니라면 너무나 외로워진
다. 그럼에도 어린아이들은 엄마나 아빠와의 연결에 자
신의 생존이 걸려 있기 때문에 그 연결을 포기하느니 차
라리 자신을 포기하는 쪽을 택한다.

문제는 그런 상태로 어른이 됐을 때다. 자신의 인생에
서 너무나 중요한 누군가가 나에게 분노를 쏟아낼 때, 얼

른 나 자신을 팽개치고 그 사람 편을 드는 순간 문제가 발생한다. 그 순간 우리는 무방비 상태로 완전히 혼자가 된다. 이런 나와 누가 함께 있어 줄까?

내가 지나치게 빨리 다른 사람의 편을 들거나, 너무 빨리 나 자신에게 등을 돌린다는 사실을 쉽게 알아채기는 어렵다. 대부분은 나에게 의미 있는 어떤 사람이 나를 불만족스러워한다는 사실 때문에 기분이 나쁘다는 정도로 이를 경험하고 넘어간다.

나는 심리치료에서 만난 수많은 사람이 하루 종일 여기저기를 오가면서 자신도 모르게 스스로를 비난하고 깎아내리는 말을 습관적으로 내뱉는다는 사실에 매우 놀랐다. 나는 그때마다 거듭해서 이런 질문을 던졌다. "그 순간에 자신에게 뭐라고 하셨나요?" 그러면 돌아오는 대답은 대부분 굉장히 부정적이었다. 막상 깨닫고 나면 스스로도 당황스러울 만큼 자신을 폄하하거나 불친절하게 대하는 말들을 우리는 너무 쉽게 내뱉고 있다.

자신에게 비판적인 시각을 갖지 말라는 뜻이 아니다.

내가 무심코 던진 말이나 행동 때문에 상대방이 언짢아하면, 상대방의 감정에 기꺼이 동의해주는 것이 바람직하다. 다만 자신을 비판하거나 질책하는 일이 무차별적이고 자동적으로 이루어지고, 본인도 이를 통제하지 못해 기분이 나빠지는 경우가 문제다.

이처럼 자신에게 등을 돌리고 다른 사람의 편을 드는 것은 '공격자와의 동일시'라 불리는 자기보호 행동이다. 부모를 이상화하는 것과 마찬가지로, 이 행동 역시 사랑받지 못한다는 느낌이나 외로움으로부터 자신을 방어하기 위해 사용된다. 하지만 어른이 되면 이 방어 행동 때문에 거꾸로 누군가와 사귀거나 친밀한 관계를 맺을 때 심각한 문제를 경험한다.

제롬의 사례를 한번 살펴보자. 제롬은 그를 인정해주지 않고 그에게 고마워하는 마음도 전혀 없는 여성들만 계속해서 사귄다. 이를테면 가장 최근에 만났던 여성은 당연하다는 듯 제롬을 불러 자질구레한 심부름이나 집안일을 끊임없이 요구했다. 그러면서도 미안해하는 내

색 한번 없었다. 친절하게 부탁하는 것도 아니었고, 도와주러 집까지 찾아온 그에게 차 한 잔 대접하는 일도 없었다. 제롬의 주변에서 그런 연애를 하는 사람은 제롬뿐이었다. 그럴 때마다 제롬은 도대체 자신의 친구들은 상냥하고 헌신적인 여성을 어디서 그렇게 잘들 찾아 만나는지 부러워 못 견딜 지경이었다. 이렇게 불만족스러운 연애를 이어가던 어느 날, 제롬은 어린 시절 자신의 트라우마와 맞닥뜨리게 됐다.

　

"어릴 때 부모님에게 맞은 기억은 있는데, 그때의 기분이 어땠는지는 생각나지 않았어요. 아무 감정도 느끼지 않으려고 노력했던 기억은 어렴풋이 났지만요.

　그런데 상담 중에 그때 일을 말하기 시작하면서 자세한 기억들이 조금씩 떠올랐어요. 그때 느꼈던 감정들이 몇 주에 걸쳐 천천히 점점 선명해졌죠. 사랑하고 믿었던 어른에게 구타당한 어린아이가 느꼈을 법한 감정들이 느껴지기 시작하더군요. 마치 한창 악몽을 꾸는 것 같았어요. 하늘에 떠 있는 해는 금방이라도 사라질 것 같앗고, 달은 무시무시한 속도로 곤두박질쳤습니다. 출구 없는 끔찍한 절망이었어요. 악몽 속에서 저는 오히려 저를 때린 아버지를 편들면서 '난 이렇게 함부로 다뤄져도 되는 사람이야'라고 생각하는 어리석은 자신을 발견했어요.

때리는 아버지와 나를 동일시하는 사슬을 끊었더니 어린아이였던 그때의 저를 받아들일 수 있게 되었어요. 무엇보다도, 그 아이는 너무나도 살고 싶은 나머지 아버지와 연결되어 있다는 절박함을 놓지 않으려고 잘못된 쪽을 편드는 중이었어요.

그제야 저는 그때의 어린 저에게 어른이라면 마땅히 해주었어야 할 말을 해줄 수 있었습니다. 네가 잘못한 게 아니라고, 그때 너에게 일어났던 일은 옳지 않은 일이었고, 그 일에 대한 책임도 네가 아닌 어른들에게 있다고 말이에요. 그리고 저 자신에게 약속했습니다. 누가 나를 함부로 대할 때, 다시는 그 사람 편을 들지 않겠다고요.

한때 저는 누군가가 저에게 불친절하게 말하면 강하게 나를 주장하며 맞부딪친 적도 많았어요. 강하게 발끈

하거나 그대로 수용해버리거나 하는, 극과 극의 선택밖에 없었죠. 하지만 지금은 어떤 균형감 같은 게 생겼습니다. 그래서 나에게 함부로 하는 사람을 만나도 더 잘 넘길 수 있게 되었어요. 그 사람도 그날 하루가 힘들어서 다른 이에게 친절하게 대할 여유가 없었거나, 애초부터 저한테 퍼부으려는 의도는 없었을 거라고 생각할 수 있게 되었습니다. 그리고 무엇보다도, 예전보다 저 자신을 훨씬 더 존중하게 되었습니다. 연애 관계에서도 앞으로는 예전과 같은 실수를 반복하지 않을 거예요. 만약 불합리하다고 생각된다면 절대 관계를 억지로 지속하지 않을 겁니다."

그런데 이런 공격자와의 동일시는 신체적인 폭행에만 해당하는 이야기는 아니다. 언어로 '구타'를 당하는 경험을 한 사람들도 제롬의 이야기에서 자신의 모습을 발견할지 모른다. 어렸을 때 사랑하는 누군가에게 신체적으로든 정서적으로든 폭행당한 경험은 스스로의 가치에 치명상을 입힌다. 만약 자신의 부모가 훌륭한 분들이라는 내적 이미지를 지키기 위해 일부러 부모에게 당한 사건을 잊었다면? 그 사람은 자신이 꼭 받았어야 할 도움을 구하지 않은 것이다. 그러면 앞으로도 계속해서 자신을 정당하게 방어하지 못하고, 다른 사람에게 자신이 폭력을 당하도록 내버려둘 위험마저 있다. 이것은 깊숙한 내면 어딘가에 감추어진 자기보호 경험이 '나는 좋은 대접을 받을 가치가 없는 사람이다'라는 잘못된 믿음을 무의식적으로 만들어냈기 때문이다.

신체나 언어 폭력을 비롯해, 어린 시절 부모에게 무가치하게 다뤄진 경험은 어떤 식으로든 내면에 상처를 남긴다. 어렸을 때 어른들이 나를 마치 '물건'처럼 대하고 나의 속마음에 아무도 귀 기울이거나 궁금해하지 않았다면, 성인이 되어서도 주변 사람들이 나를 그렇게 대하도록 스스로 방치할 수 있다. 이렇게 어릴 때 습득한 '방치 패턴'을 수동적으로 반복하면서, 어릴 때 했던 것과 동일한 역할을 어른이 되어서도 하는 것이다.

이런 상황은 반대로도 일어난다. 즉, 부모님이 자신을 '물건'처럼 대했던 경험이 있는 사람은 자신이 겪은 것과 똑같은 방식으로 주변 사람들을 '물건'처럼 대한다.

이것은 유년기에 습득한 행동 패턴을 능동적으로 반복하는 형태에 해당한다. 내가 견뎠던 고통을 이런 방식으로 고스란히 타인을 향해 쏟아내는 것이다. 이럴 때 연인이나 배우자는 내가 유대감을 느끼고자 애쓰는 상대라기보다 나를 위한 도구가 되어버린다. 가령 내 어린 시절의 고통을 회피하기 위한 수단으로 상대를 사용하는 것이다. 이런 경우, 연인에 대한 기대치나 연애로부터 얻고 싶은 것이 지나치게 부풀려지기 쉽다. 이런 문제를 좀 더 자세히 살펴보자.

현실과 이상의 차이를 극복하는 방법

누구나 부모로부터 적절한 관심과 애정을 받지 못해 생긴 크고 작은 결핍들이 있다. 성인이 되면 그것으로부터 자신을 해방시키고 떠나보내려는 시도를 해야 한다. 하지만 그러지 못했다면 그 결핍을 연인이나 배우자로부터 채우려 고집 피우는 일이 전형적으로 발생한다. 자기 안에 이런 심리가 있음을 깨닫지 못한 채, 그저 파트너가 자신의 결핍을 채워주지 않음을 탓하며 깊은 좌절만 거듭 경험하는 사람들도 꽤 많을지 모른다.

자기 안의 이런 기제를 자각하지 못할수록 우리는 파트너를 못살게 군다. 또 상대방이 본래의 자기 모습 그대로 자연스럽게 존재할 권리를 철저히 무시할 위험성이 커진다.

사실 이런 행동에는 자신의 어린 시절이 실제보다 더 좋았다고 주장하고자 하는 심리가 숨어 있다. 하지만 어린 시절에 결핍이 있었다는 사실을 우리의 무의식은 알고 있다. 그렇기 때문에 파트너에게 실제의 나와 내가 가진 기대치 사이의 차이를 메워서 내가 현실과 이상의 간극을 느끼지 않도록 보장해달라고 요구하는 것이다. 파트너가 이 요구를 충족해주지 못하면 온갖 분노와 불평을 고스란히 쏟아낸다. 마치 까다롭기 짝이 없는 젖먹이 아이처럼 행동하는 것이다.

누구나 어린 시절 충분한 관심과 애정을
받지 못해 생긴 크고 작은 결핍들이 있다.
성인이 되면 그것들로부터 자신을 놓아주어야 한다.
그래야만 우리는 친밀한 관계 속에서
자신을 더 많이, 더 잘 내어줄 수 있다.

상담실을 찾은 한나는 연인에게 자신의 결핍을 채워 줄 것을 강요하던 사람이었다. 상담이 끝나갈 무렵, 그녀는 내게 이렇게 말했다.

"상담을 시작했을 무렵 저는 연애를 몇 번 경험한 상태였는데, 전부 1년을 넘기지 못했어요. 적극적으로 나서서 남자를 만나는 것까지는 잘 됐어요. '사랑에 빠지는' 단계까지는 그런대로 별문제 없이 가거든요. 하지만 연애가 '일상'이 되기 시작하면 무언가 견디기 힘든 공허감 같은 게 밀려왔습니다.

예를 들면 이런 식이에요. 남자친구가 다른 사람이랑 무슨 일을 하겠다고 하면 갑자기 너무 외롭고 외면당하는 느낌이 들어요. 결국 자제력을 잃어버려요. 울고불고 화를 내죠. 저 자신을 주체할 수가 없어요. '남자친구가 있는데도 이렇게 기분이 엉망이라니 믿을 수가 없다'는 생각만 계속 들고요. 남자친구에게 죄책감을 느끼게 만들어주고 싶었으니, 제가 정말 못됐죠. 하룻저녁에 전화를 열 번 넘게 한 적도 있어요. 내가 어떤 좌절과 분노를 느꼈는지 계속 설명하면서 밤새 남자친구를 들볶았어요. 남자친구 입장도 배려해야 한다는 생각은 손톱만큼도 하지 못했죠. 그때 제 행동을 되돌아보면 제가 그렇게 행동하는데도 곁에 있어 줬던 사람들이 놀라울 뿐이에요."

부모에 대한 이상화를 그만두고, 연인에게 자신도 모르게 강요해왔던 어마어마한 요구를 포기한 순간부터 한나는 엄청난 슬픔을 느꼈다. 지금껏 사랑 없이 살아온 삶과 정서적으로 빈곤했던 유년기에 대한 회한이 몰려왔기 때문이다.

그러나 이때의 고통은 한나가 지금껏 살아오면서 줄곧 시달렸던 슬픔만큼 견디기 힘들지는 않았다. 오히려 쓰라린 감정의 한복판에서 한나는 과거 그 어느 때보다 생생히 살아 있는 기분을 느꼈다. 다른 사람과의 관계에서도 상대를 더 깊이, 진정으로 대할 수 있다는 느낌을 받았다. 한나는 눈물에서 웃음으로 가는 길이 의외로 아주 짧을 수 있다는 사실을 발견했다. 함께 살아가는 사람들과 이런 감정을 나눌 수 있다는 사실이 얼마나 힘을 북

돋워 주는지도 깨달을 수 있었다.

내담자들이 자신의 문제를 자각하는 과정은 언제나 슬픔을 수반한다. 어떤 문화권에서는 슬픔이나 비탄을 무조건 무겁고, 어둡고, 오래 지속되는 나쁜 감정으로만 생각하는 경향이 있다. 하지만 실제로 이런 감정은 때로 따뜻하고 촉촉하며 사람들에게 힘을 준다.

유년 시절에 형성된 문제를 재발견하는 과정에서 느끼는 슬픔도 마찬가지다. 많은 사람은 아버지나 어머니와의 관계에서 있었던 문제를 다시 떠올리기를 꺼린다. 부모에 대한 자신의 생각이나 어린 시절에 대한 이미지를 검토하는 것에 완강히 저항한다. 과거는 돌이킬 수 없기 때문이다. 지난 과거가 최고가 아니었다면, 과거를 자세히 들여다보는 일이 유쾌할 수만은 없다.

그러나 이런 거리낌을 극복할 때 오는 보상은 크다. 부모와 나 자신의 실제 모습에 더 가깝게 다가갈수록, 우리는 현실의 친밀한 관계 속에 나 자신을 더 많이, 더 잘 내어줄 수 있다. 그리고 전반적으로 삶의 문제들을 더욱 잘 다룰 수 있게 된다. 우리가 우리 자신과 더 많이 조화를 이룰수록, 내가 누구인지 아는 데서 오는 평온함을 더 많이 느낄수록, 삶에 의미와 충만함을 더해줄 무언가를 찾아낼 기회도 더 많아진다.

지금 우리가 타인과 함께 있을 때 사용하는 자기보호는 까마득히 어린 시절 나와 가장 가까운 보호자와 맺었던 관계 속에서 등장했다. 부모가 자녀를 다루는 데 서툴고 자녀에게 건강한 관계를 맺는 방법을 잘 가르쳐주지 못했다면, 아이들은 성인이 되어 더 많은 자기보호에 의존할 것이다.

하지만 자기보호의 두꺼운 갑옷을 벗어 던지는 순간 우리는 해방감을 경험한다. 그러면 삶을 향한 새로운 희망과 갈망이 싹트는 느낌이 들 것이다.

제롬이 그런 경우다. 문제투성이였던 아버지와의 관계를 처음 똑바로 바라보고 다루기 시작했을 무렵, 제롬은 이미 쉰이 넘은 나이였다. 하지만 제롬은 길고 긴 과정을 거쳐 마침내 돌파구를 찾을 수 있었다. 상담치료를 마치던 날, 제롬은 이렇게 말했다.

"아버지는 우리 형제들에게 심하게 벌을 주고는 했습니다. 그래도 저는 아버지가 언제나 마음속으로는 저를 사랑한다고 믿었죠. 그런데 상담 선생님께서 저의 확신을 문제 삼으셨던 기억이 납니다. 저는 제 확신이 옳다는 걸 증명하려고 별별 주장을 다 늘어놓았죠. 선생님은 가만히 앉아서 슬프면서도 아주 심각한 표정으로 그런 저를 쳐다보고 계셨고요.

그러다가 갑자기 이렇게 물으시더군요. '무척 흥분한 것처럼 보입니다. 무엇 때문인가요?' 그 말을 듣는 순간 갑자기 머릿속이 텅 비는 기분이었습니다. 그러더니 온몸이 덜덜 떨리면서 눈물이 쏟아졌죠. 아마 머리보다 몸이 먼저 이해했나 봅니다. 그러고 나서는 후련해졌어요. 나라는 사람의 잃어버린 조각 하나를 새로 찾아낸 기분이었습니다."

우리는 현실이 끔찍해서, 혹은 그저 불편해서 현실로부터 자신을 방어하려고 애를 쓴다. 하지만 현실을 똑바로 보아야 오히려 해방감을 얻을 수 있다. 제롬이 흘린 눈물은 바로 그 해방감의 증거였다.

　부모로 인해 나에게 문제가 생겼다는 사실을 인지하는 것은 고통스럽다. 왜냐하면 부모와의 관계가 오래된 만큼 그 문제의 뿌리도 깊으며, 그 문제를 바꾸기가 쉽지 않으리라는 것을 본능적으로 깨닫기 때문이다.

　대부분의 부모들은 자신이 잘하든 못하든, 할 수 있는 최선을 다해 자녀에게 사랑과 유대감을 가르친다. 따라서 우리가 누군가를 만나 관계 맺을 때 어떤 태도를 취할지를 의식적으로 선택하는 것이 아니라면, 십중팔구 우리는 부모님이 우리에게 했던 방식 그대로 행동하게 된다. 세상에 태어나 처음 겪은 '관계 맺기의 모델'이기 때문이다. 나 자신과 관계 맺는 양상도 그렇다. 그분들이 나에게 했던 말을 내가 그대로 나에게 하게 될 것이며, 정서적인 측면에서도 그분들과 비슷한 양상을 보일 것이다. 이유는 간단하다. 부모는 우리가 그렇게 하도록 가르치는 존재이기 때문이다.

　그래서 연인을 고를 때도 사랑과 유대감에 관해 자신

의 부모와 비슷한 태도를 보이는 상대를 고를 확률이 높다. 설령 그 태도가 좋은 것이 아니더라도 말이다. 어찌 되었든 그편이 내게 익숙하고 안전하게 느껴지며, 대처하기도 쉽기 때문이다.

따라서 정서적인 면에서 부모보다 더 많은 것을 내게 줄 수 있는 사람과 사귀지 않으려는 행동도 일종의 자기 보호다. 부모보다 더 많은 것을 할 수 있는 상대를 만난다면, 나는 새로운 것을 배워야 한다. 나아가 부모가 이 상대만큼 내게 해주지 못했다는 사실을 발견하면서 부모에 대한 시각을 수정해야 한다. 다시 말해, 사랑과 유대에 관해 중요한 어떤 것을 할 줄 몰랐고, 그래서 자녀인 나에게도 가르쳐주지 못한 존재로 부모를 다시 보아야 한다.

양육 기술이 부족한 부모를 이상화하는 것은 아이에게 안정감을 주며, 이는 아이의 심리적 건강을 위해 없어서는 안 될 만큼 필수적인 과정이다. 그러나 어른이 되고 나면 이런 이상화 작업은 연애에 걸림돌이 된다.

부모님이 과거에 실제로 어떤 분들이었고 또 현재는 어떤 분들인지 입체적이고 정확하게 이해하는 과정에는 끝이 없다. 이 과정은 평생에 걸쳐 이루어진다. 이것은 우리가 우리 자신을 발견하고 이해하는 과정에 끝이 없는 것과 다르지 않다.

그리고 이해는 한 번으로 끝나지 않는다. 지금 이 순간에는 모든 진실을 알고 있다고 여길지 몰라도, 어느 날 불쑥 삶을 좀 더 깊은 차원에서 이해하게 되는 순간이 찾아온다. 그때 우리는 바로 얼마 전까지도 내가 완전히 알고 있다고 믿었던 것이 사실은 빙산의 일각에 불과했음을 선명하게 깨닫는다.

그러나 이해가 깊어질수록 해방감도 커진다. 따라서 어떤 문제나 딜레마를 예전에 이미 극복했다 할지라도 다시 꺼내어 바라보는 일은 충분한 가치가 있다. 특히 부모와의 관계처럼 우리 인생의 아주 중요한 부분과 관련된 문제일 때는 특히 더 그렇다.

무엇보다 관계 맺는 기술을 발전시키고 싶다면 그 첫 단추는 지금 현재 내가 사용하고 있는 자기보호를 자각하고 재검토하는 것이다. 이것이 반드시 어린 시절 부모나 보호자와 맺었던 관계까지 거슬러 올라가 모든 것을 다시 검토하라는 뜻은 아니다. 때로는 현재 나의 잘못된 습관 몇 가지를 바꾸고, 내게 전혀 도움이 되지 않았던 반복적인 사고방식이나 행동 패턴을 바꾸는 것만으로 충분할 수도 있다.

하지만 현재의 문제를 중점적으로 다루는 이런 접근법이 별다른 효과를 발휘하지 않을 때도 있다. 그럴 때는 무의식적으로 반복하는 사고나 행동의 뿌리까지 내려가야 한다. 어쩌면 이것은 생각보다 힘들고 괴로운 여정이 될 것이다. 그렇지만 지금 사용하는 자기보호가 생겨난 상황의 저변을 파 내려가다 보면, 행동과 정서 양쪽 모두에서 근본적인 변화를 일으키는 실마리를 반드시 발견한다. 나는 상담 과정에서 이런 경험을 수없이 해왔다.

다음에서는 지금까지 이야기한, 나와 다른 사람의 만남을 훼방 놓는 자기보호가 없다면 과연 어떤 느낌일지에 대해 이야기해볼 것이다. 우리는 익숙한 모습에서 벗어나기를 두려워한다. 그 모습이 별로 좋지 않은 모습이라 해도 말이다. 하지만 달라질 모습 또한 자신의 모습이라는 것을 자각하면, 잘못된 자기보호를 벗어던지는 일이 훨씬 더 힘을 얻을 수 있을 것이다.

4장

내 마음도 알아주기
어려운 나에게

내면의 목소리를 듣는 시간

감정적인 문제를 해결하는 근본은
불편한 감정의 진짜 원인을 파악하는 일이다.

일랭(Alain, Emile Auguste Chartier, 철학자)

자신의 충만한 삶을 가로막고 있던 것이
자기 자신이라는 것을 깨닫게 되면 분노가 일어난다.
자신의 감정을 온전히 인식하고자 하는
첫 단계에서 겪는 일이다.
그 분노 아래에 어떤 감정들을 숨기고 있는지를
발견하는 일로부터 새로운 관계 맺기가 시작된다.

내 안의 감정
제대로 알아차리기

살아가면서 내가 지금 어떤 감정을 느끼고 있는지를 정확하게 아는 것은 중요하다. 특히 인간관계를 맺는 데 큰 도움이 된다. 내가 느끼는 감정을 온전하게 인식한다는 것은 과연 어떤 의미일까? 우리가 내면에서 일어나는 감정을 있는 그대로 온전하게 인식할 수 있다면 그것은 세 가지 측면으로 경험된다. 즉 우리는 생각, 몸, 충동(욕구)

으로 감정을 경험한다.

'불안'이라는 감정을 예로 들어보자. 우리는 불안할 때 몸이 덜덜 떨리는 감각을 느낀다. 소리를 지르며 도망가고 싶다는 충동을 느끼기도 한다. 생각을 통해서는 내가 두려워하고 있음을 안다.

'분노'의 감정이 들었다면 어떨까? 이 역시 세 가지 측면으로 경험된다. 먼저 몸은 뜨거운 기운을 느낀다. 덜덜 떨리는 감각을 느낄 수도 있다. 또 누군가를 향해 맹렬히 덤비고 싶은 충동을 느낀다. 머리로는 자신이 화가 났음을 인지한다.

'기쁨'이라는 또 다른 감정을 예로 들어보자. 몸으로는 안에서 활기가 솟구치는 느낌을 받는다. 아무 노래나 흥얼거리고 싶은 충동을 느낀다. 또 생각을 통해 내가 행복하다는 것을 안다.

하지만 항상 모든 감정을 이런 방식으로 경험할 수 있는 것은 아니다. 어떤 측면은 생략되거나, 인지하지 못할 수도 있다. 이는 앞에서 살펴보았듯이 자기보호가 작용하기 때문일 수 있다. 물론 감정을 느끼지 못하는 이유를 꼭 자기보호에서만 찾을 필요는 없다. 다른 이유도 충분히 있을 수 있다. 특히 어떤 방식에 대해서는 아직 느끼는 법을 배우지 못했기 때문일 수도 있다.

우리는 스스로를 보호하기 위해 위의 세 가지 경험 양식 가운데 하나를 억압하기도 한다. 어떤 사람은 몸 전체에서 느껴지는 감각에는 전혀 신경 쓰지 않고, 주로 목 윗부분에서 느껴지는 양상을 통해서만 감정을 경험한다. 또 어떤 사람은 자신의 감정이 무엇인지 이해하는 데 어려움을 느낀다. 어떤 사람은 자신이 욕망하는 것을 아예 알아채지 못하기도 한다. 실제로 나는 심리치료를 하면서 충동, 즉 감정 속에 숨은 욕망은 대부분 무의식적이라는 것을 발견했다.

게다가 이 욕망 안에는 어마어마한 크기의 수치심이 뒤섞여 있다. 예를 들어 평소 흠모하던 직장 상사의 무릎에 앉아 관심을 받고 싶다거나, 스무 살 연하의 이성에게 성적인 관심이 생긴다거나, 이미 애인이나 배우자가 있는 이성에게 접근하고 싶은 욕망들 말이다. 나도 모르게 그런 마음이 들면 우리는 당황하고 부끄러운 감정에 휩싸여 얼른 그 감정을 억압하거나 부정하려 한다.

그래서 많은 욕망이 의식의 차원으로 충분히 떠오르지 못하고 억압된다. 부끄러운 욕망을 온전하게 느낄 때까지 용납하면 자신이 자제력을 잃고 이를 곧바로 행동으로 옮길까 봐 두렵기 때문이다. 하지만 욕망을 있는 그대로 느끼고, 그것과 관계된 판타지를 자신에게 어느 정도 허용하는 것은 위험한 일이 아니다. 나의 욕망과 내가 원하는 바를 정확히 이해할수록 그것을 잘 다룰 수 있고, 잘못되거나 당황스러운 행동을 할 가능성이 오히려 줄어든다.

물론 온전히 느끼기에 두려운 감정도 있다. 예를 들어 분노라는 감정은 느끼는 것만으로도 두렵다. 분노의 힘이 거셀 때는 더욱 그렇다. 누군가 때문에 무언가를 마구 파괴하고 싶다거나 사람을 해치고 싶은 욕구가 생기면, 우리는 엄청난 죄책감을 느낀다. 그러나 이 죄책감에는 근거가 없다. 왜일까? 간단하다. 나는 내 욕망의 지배자가 아니기 때문이다. 내가 결심하는 것만으로 내 안의 어떤 욕망을 사라지게 할 수는 없다. 기껏해야 억압할 수 있을 뿐이다. 하지만 억압했다고 해서 덜 위험해지지도 않는다. 오히려 반대다. 욕망은 억압될수록 그 위험이 높아진다.

다시 말하지만, 우리는 자신이 실질적으로 아무런 영향도 발휘할 수 없는 대상에 대해 죄책감을 가질 필요가 없다. 이와 관련해 나는 전작《센서티브(Highly sensitive people in an insensitive world)》에서 어떻게 영향력이 죄책감의 선결 요건이 되는지에 대해 자세히 설명했다.

죄책감에는 두 가지가 있다. 다른 사람에게 피해를 주었다고 느끼는 감정인 실제적인 죄책감과 실제보다 과장된 죄책감, 즉 지나친 죄책감이다.

죄책감과 힘은 동전의 양면과 같다. 죄책감을 느끼는 사람은 자신에게 힘이 있다고 생각한다. 어머니의 생일날 날씨가 좋지 않은 건 내 잘못이 아니다. 내게는 날씨를 통제할 힘이 없기 때문이다. 그러나 생일날 찾아가지 않아서 어머니를 외롭게 했다면, 그것은 분명히 내 잘못이다. 발목이 두 개 다 부러져 입원한 상황이 아니라면 말이다.

당신이 느끼는 죄책감이 다른 사람에게 준 피해와 비례한다면, 그것은 적절한 감정이라고 할 수 있다. 우리는 누구나 다른 사람을 즐겁게 하거나 고통스럽게 할 수 있다. 후자의 경우라면 자신의 잘못을 수정하기 위해 노력하는 게 당연하다. 상대방에게 "내가 어떻게 하면 당신의 아픔을 덜어줄 수 있을까요?"라고 물어볼 수 있을 것이다. 비록 도울 일이 없더라도 상대방은 물어보는 것만으로 고마움을 느낄 것이다.

예민한 사람들은 누군가에게 피해를 주었을 때 상대방에게 사과하고, 상황을 개선하기 위해 노력한다. 그러나 당신이 과도한 죄책감을 느끼는 경향이 있다면, 그것이 적절한 감정인지 검토해볼 필요가 있다.

감정에 관한 한 우리는 그것을 있는 그대로 받아들이는 편이 더 낫다. 그리고 앞서 설명한 세 가지 측면 모두를 통해 경험함으로써 그 감정을 온전히 인식해야 한다.

그렇게 해서 내 안의 감정을 제대로 알아차리고 나면, 감정 자체만으로는 위험하지 않다는 것을 알게 된다. 왜냐하면 우리가 설령 인생을 살아가며 이런저런 상황에서 위험한 감정을 품게 되었더라도, 자신이 욕망에 따라 행동할지 아닐지를 스스로 결정할 수 있기 때문이다. 어떤 행동에 대해 양심이 용납하지 않거나 수치스럽다는 생각이 들면, 우리는 그런 행동을 하지 않기로 스스로 선택할 수 있다.

충동과 관련하여 알아두면 유용한 원리가 하나 있다. 만약 누군가를 때리고 싶은 충동이 들었다면, 이때는 대부분 내가 이미 그 사람에게 '맞았다'는 느낌을 받았기 때문이다. 이 원리를 잘 활용하면 자신에 대해 그동안 몰랐던 많은 것을 알 수 있다. 왜 내가 '맞았다'는 느낌이 들까? 내가 상처를 입은 것일까? 그 사람의 어떤 행동이 나에게 상처를 주었을까? 과연 그게 그 사람 때문에 느끼는 감정일까? 이렇게 상황을 자각하는 것만으로도 감정을 제대로 이해하고 조절할 수 있게 된다. 그런데 이런 과정 없이 불편한 감정을 억누르고 외면하기만 하면, 현실을 제대로 인식하지 못하는 문제가 생긴다.

어떤 감정을 몸, 충동, 생각이라는 세 가지 방식으로 모두 느낄 수 있다면, 우리는 그 감정을 온전히 인식했다고 말할 수 있을까? 대체로 그렇다. 그럴 때 우리는 자신의 내적 현실을 좀 더 선명히 알게 된다. 그러나 이렇게 인식한 감정조차 이차적인 것에 불과할 때도 있다. 우리가 느낀 감정이 사실은 또 다른 감정을 감추고 있을 수도 있다는 뜻이다. 또한 이렇게 은폐된 감정이 오히려 내가 실제로 느낀 것을 훨씬 더 제대로 반영한 감정일 수도 있다. 따라서 내가 느낀 감정을 찬찬히 들여다보고, 은폐된 감정의 정체를 알아차릴 수 있다면, 나 자신을 좀 더 잘 알아가는 계기가 된다.

가령 분노가 그런 예다. 분노는 두려움을 은폐한다. 어떤 아버지가 정해진 귀가 시간보다 늦게 들어온 십대 딸을 꾸짖는 경우를 떠올려보자. 아버지가 직접적으로 느끼고 표출하는 감정은 분노다. 그러나 아버지의 은폐된 진짜 감정은 두려움일 수 있다. 딸이 위험한 일을 겪지는 않을까, 또 그때 자신이 딸에게 아무 도움도 되지 못하면 어쩌나 하는 두려움을 느꼈을 수 있다.

따라서 아버지는 딸에게 무작정 화내기 전에, 자신이 밤늦게까지 잠들지 않고 딸을 기다리는 동안 얼마나 두려웠는지를 스스로 느끼는 것이 중요하다. 이렇게 자신의 은폐된 감정을 느끼면 아버지는 자신의 내면과 거리를 좁힐 수 있다. 또 나아가 용기를 내어 자신의 두려움을 딸에게 말한다면, 딸과 불필요한 반목을 하는 대신에 거리를 좁힐 수 있다.

두려움이라는 감정을 분노로 은폐하는 일은 이 아버지의 경우만이 아니라, 수시로 일어나는 일이다. 왜 두려움을 분노로 은폐할까. 이는 많은 사람에게서 공통적으로 발견되는 현상이다. 흔히 공포나 불확실성 같은 감정보다는 분노를 표현하는 게 더 쉽다.

다음에서는 우리의 여러 감정 중에서 분노가 우리의 내적 자아 그리고 자기보호와 어떤 관계가 있는지 알아보고자 한다.

자신이 느끼는 감정을 겁내지 않고
있는 그대로 받아들이며
온전히 인식하는 연습을 해보라.
그것이 진정으로 자신을 보호하는 길이다.

분노를 미뤄두고
자신의 내면 들여다보기

분노는 다른 모든 감정들을 덮어버리고 맨 위의 꼭대기 층을 차지하는 특징이 있다. 이런 현상은 많은 사람에게서 전형적으로 나타난다. 우울한 사람도 마찬가지다. 우울한 그의 내면이 느끼는 감정이 슬픔이나 무력감일지라도, 실제로 느끼고 자주 표현하는 감정은 분노일 수 있다. 그만큼 분노는 위력적인 감정이다. 화가 나면 우리가 누군가와 싸우려 하는 것도 이 때문이다.

그러나 분노는 쉽게 문제를 일으킨다. 그 감정 자체가 부정적이어서가 아니다. 만약 화가 나서 싸우려는 대상이 있는데 내가 분노를 터뜨리든 말든 상대가 전혀 개의치 않는 상황이라면 나는 오히려 좌절할 수밖에 없다. 불가능한 문제에 대해 분노하는 것은 무의미하다.

또 무작정 분노를 터뜨리면 주변 사람과의 관계를 망칠 수 있다. 나의 분노 때문에 내가 실제로 가장 가까워지고 싶고 관심과 애정을 갈구하는 사람이 나도 모르는 사이에 나와 거리를 두게 될 수도 있다. 화가 났을 때는 무작정 화를 표출하기보다는 자신이 지금 얼마나 무력하고 슬픈지를 먼저 느껴보라. 그리고 용기 내어 자신이 느끼는 솔직한 감정을 상대에게 전달해보라. 분노에 갇힌 상태로 남아 있을 때보다 주변의 관심을 얻으며 마음을 나눌 수 있다. 그리고 스스로를 더 긍정하는 단계로 한 걸음 나아갈 수 있다.

분노와 비슷하게 불안의 감정 역시 또 다른 감정을 은폐하고 있을 수 있다. 금지된 기쁨이나 강렬한 분노의 감정을 가리기 위해 분노 감정을 대신 표출하는 것이다. 또는 내가 나의 자아상과 갈등을 일으킬 때도 이를 외면하느라 불안한 감정을 느낄 수 있다. 불안은 눈물을 동반하기 때문에 슬픔과 비슷하게 표현되기도 한다.

분노, 불안 등을 비롯하여 자신에게 어떤 감정이 올라올 때는 지금 내가 완전히 그 감정을 인식하고 있다 할지라도 다시 자문해볼 필요가 있다. 이 느낌이 현재 내게 훨씬 더 결정적인 감정을 가리고 있지는 않은지 말이다. 그렇게 함으로써 은폐되었던 감정과 만나고, 진정한 내적 자아에 훨씬 더 가까워질 수 있다. 주어진 순간에 내가 느끼는 바를 좀 더 정확하게 느끼고 인식하는 방법에 대해서는 나의 책 《서툰 감정(The emotional compass)》에서 설명한 바 있다.

감정은 움직임에 대한 충동, 또는 욕망을 내포하고 있다. '감정(emotion)'은 '움직임(motion)'의 전 단계를 뜻한다. 그러므로 자신의 동작에 집중하면 동작 이전에 숨어 있는 감정을 찾아낼 수 있다. 지금 당신 자신이나 다른 사람의 어떤 행동이 당신의 몸을 만족시킬 수 있는지 상상해보라.

무언가 불편하고 안절부절못하는 느낌인데, 그것이 무엇인지 파악하지 못하는 사람들이 있다. 한 내담자는 내게 다리가 저절로 들썩이는 것 같다고 말했다. 다리가 어떤 동작을 하기 원하는지 묻자, 그는 도망치고 싶어 하는 것 같다고 대답했다. 나는 그가 느끼는 감정이 불안감일 거라고 말했다. 다리가 무언가를 걷어차고 싶은 것처럼 느낀다면, 그가 느끼는 감정은 아마 분노일 것이다.

분노는 공격적인 행동을 하고 싶은 충동을 일으킨다. 그러나 공격적인 행동은 도덕적으로 금지된 것이기 때문에 자신이 분노를 느낀다는 것을 인식하지 못할 수도 있다. 아예 분노를 느끼지 못하거나 분노가 자신의 내면에 존재한다는 사실 자체를 부정하는 사람도 있다. 당신을 화나게 하는 사람이 바나나 껍질을 밟고 미끄러지는 모습을 상상해보라. 그런 상황을 상상할 때 당신의 몸이 어떤 반응을 보이는지 감지하라. 얼굴이 환하게 밝아지면서 웃고 있다면, 당신이 느끼는 감정은 아마도 분노일 것이다.

당신이 지금 느끼는 감정을 확인할 수 없을 때는 자신에게 "지금 내 몸이 어떤 동작을 하고 싶어 하는가?"라고 물어보라. 몸이 원하는 동작에 집중하면, 어떤 감정이 작동하고 있는지 파악할 수 있다.

다음에서는 여러 감정들이 어떻게 층을 이루며 존재하는지 알아보자. 그리고 퇴행이라는 자기보호 때문에 층층이 쌓인 감정들을 구별하기가 얼마나 어려운지 사례를 통해 살펴보자.

감정을 숨기는
퇴행에서 벗어나는 법

불안이나 두려움이 너무 강렬해지면, 때로 우리는 '퇴행'
이라는 기제에 의존한다. 퇴행은 심리 발달 단계 초기,
즉 어린 시절에 우리가 주요하게 사용했던 전략들에 다
시 의지하게 되는 것을 말한다. 퇴행은 무언가에 압도당
해서 내가 가지고 있던 어른의 전략들을 포기할 때 등장
한다. 이것은 내가 현실에서 도망쳐 나오는 퇴로가 된다.

　퇴행 상태가 되면 우리는 자신이 작고 무력하다고 느
끼며, 배고픈 아기처럼 길길이 뛰며 화를 내기도 한다.
또 내가 여러 가지 책임과 선택지를 가진 성인이라는 사
실로부터 도망치고, 성인으로서 습득해왔던 노하우들
도 일시적으로 모조리 잊는다.

　퇴행은 신체 언어를 동반한다. 가령 의자에 앉을 때 드
러눕듯이 엉덩이를 앞으로 밀어내고 앉는다.(그러면 키
가 작아진다.) 눈에 눈물이 맺히기도 한다.(도와달라는 신
호다.) 침대에 누운 채 한낮이 될 때까지 뭉그적거리는

행동도 퇴행에 해당한다.

여기서 살펴볼 아이리스의 사례는 퇴행이 어떻게 내면에 쌓인 다층적인 감정들을 숨기고 우리 자신의 내면으로 다가서는 것을 가로막는지 잘 보여준다.

아이리스는 나에게 심리치료를 받는 동안 정말 많이 울었다. 하지만 그 울음에 특별한 의미가 있어 보이지는 않았다. 응어리진 감정이 눈물에 씻겨 해소되는 것 같지도 않았다. 아이리스는 이렇게 울면서 자신의 진짜 슬픔에 다가가고 있다고 여겼을지도 모른다. 하지만 결국 그 울음은 퇴행의 일종이었던 것으로 드러났다. 관찰 결과 그녀의 퇴행 아래에는 분노가 있었고, 분노 아래에는 완전히 다른 종류의 깊이를 지닌 슬픔이 있었다.

훗날 아이리스는 이렇게 말했다.

"퇴행에 의지하던 때는 하루에도 몇 번씩 울었죠. 무시무시한 절망과 무력감에 빠진 것 같았어요. 그러면서 한편으로는 당연히 내 옆에 있어야 된다고 생각했는데 안 그래 준 사람들한테 화가 나서 견딜 수가 없었고요. 하지만 정신을 차렸어요. 그리고는 완전히 방향을 틀고 행동을 바꾸기 시작했죠. 그랬더니 곧 기분이 나아졌어요. 물론 예전에 제가 보였던 반응들이 생각날 때마다 좀 당황스럽지만요."

아이리스처럼 퇴행에 빠지면 인생을 살아가는 방식에 광범위한 변화가 일어난다. 우리의 어른으로서의 '에고', 즉 자아가 전적으로 또는 부분적으로 우리를 통제하는 것을 포기한다. 그렇게 되면 어느 면에서는 모든 것이 더 간단하고 쉬워진다. 흑백이 더 선명해지고 미묘한 회색지대가 줄어든다. 이렇게 내가 심리적으로 퇴행하면, 나와 가장 가까운 사람들이 문제를 떠안아야 하는 처지에 놓인다.

퇴행은 몇 달간 진행되기도 하고 평생을 가기도 한다. 퇴행에서 벗어나는 방법은 무엇일까? 내가 어른이라는 사실을 스스로에게 상기시키는 것이다. 유년기는 이미 끝났으며, 인생은 더 이상 어린 시절처럼 위험하지 않다는 것을 기억해야 한다. 성인은 살기 힘든 사막에서도 몇십 년씩 생존할 수 있다. 다른 사람으로부터 조롱이나 배제를 당한다고 해서 그것이 생존을 위협하는 문제가 되지는 않는다. 성인으로서 우리는 새로운 선택을 할 수 있으며, 다양한 선택지 중에서 원하는 것을 고를 수 있다. 물론 문제에서 벗어나는 적절한 길이나 해법을 도저히 찾을 수 없을 때도 있다. 그러나 그런 경우에는 전문가의 도움을 구할 가능성도 항상 열려 있다는 사실을 기억해야 한다.

중요한 것은 내가 어른이라는 사실, 어린 시절과 달리 '생존'이라는 불안이 그리 크지 않다는 사실을 스스로 납득하는 것이다. 문제가 생기면 해결할 수 있다. 자신에게 어떤 감정이 올라오면, 겁내지 않고 들여다볼 수 있다. 그것이 진정으로 자신을 보호하는 일이다.

그러면 숨겨진 감정을 끄집어내는 일은 자기보호 전략과 어떤 관계가 있을까. 다음에서는 이에 대해 알아보기로 하자.

5장

내면에 켜켜이 쌓인
감정과 직면하라

미숙한 자기보호에서 성숙한 자기보호로

진정한 자기 자신이 되려는 의지는
절망의 반대말이다.

쇠렌 키르케고르(Søren Kierkegaard, 철학자)

나도 모르게 사용하던 잘못된 자기보호를
어떻게 멈출 수 있을까.
놀랍게도 자기보호는 그 정체를 드러내면,
그 순간 작동을 멈춘다.
자기보호의 비밀스러운 위력은
이것이 무의식적이라는 사실에 있다.
내가 자기보호를 쓰고 있다는 사실을 자각하면
이 전략들은 사실상 효력을 잃는다.

자기보호가 허물어질 때
가려진 감정이 드러난다

우리는 이제까지 자기보호가 무의식적이고 자동화될 때
나타나는 위험성에 대해서 살펴보았다. 좋은 소식을 이야
기하자면, 자기보호는 정체가 드러나는 순간 더 이상 자
동적으로 작동하지 않는다. 자기보호의 비밀스러운 위
력은 이것이 무의식적이라는 사실 자체에 있다. 따라서
그동안 자기보호의 도움으로 스스로를 기만하고 있었

음을 깨닫는 순간부터 이 전략들은 사실상 효력을 잃는다.

그 이후부터 한동안은 고통을 겪거나, 때로는 그보다 훨씬 강렬한 기쁨을 경험하는 시기가 뒤따른다. 혼란스러움과 불편함을 느끼고, 마치 숲속에서 길을 잃은 듯한 기분이 엄습하기도 한다. 혹시 내가 숲속으로 너무 깊숙이 들어온 것은 아닌지 회의를 느끼는 사람도 많다. 그러나 실제는 그 반대이다. 숲속이 낯설고 어렵게 느껴지는 것은, 그동안 너무 멀리 밖으로만 떠돌다가 지금에야 숲속으로 들어와 그 안을 거닐기 시작한 것인지도 모르기 때문이다.

이 책을 읽고 그동안 무의식적으로 자기 자신을 보호해왔음을 깨달은 사람들이 있을지 모른다. 나아가 본인만 알 수 있는 과거의 고통에 점점 더 다가가는 사람들도 있을 수 있다. 때로는 당사자가 자신이 쓰는 자기보호를 가장 늦게 깨닫는다. 그리고 때로는 내가 나 자신을 어떻게 대하고 있는지 발견하기 위해 외부의 도움을 받아야 할 때도 있다.

자기보호는 정체가 드러나는 순간 힘을 잃는다.
그 뒤로는 때로 고통이나 강렬한 기쁨을 경험하며
마치 숲속에서 길을 잃은 듯한 기분이 엄습한다.
그러나 숲속이 낯설게 느껴지는 것은
그동안 너무 먼 곳에서 오래 방황해왔기 때문이다.

만약 심리치료를 받게 된다면, 우리는 상담사의 세심한 주의력을 내 것으로 빌릴 수 있다. 그래서 결과적으로는 혼자가 아닌 '두 사람의 나'가, 그동안 내가 써온 자기 보호를 함께 들여다볼 수 있다. 또한 나는 내담자들에게 우리가 나눈 대화 내용을 테이프나 비디오로 기록해두라고 자주 권한다. 현대 문명의 이런 혜택을 활용하면 자기 자신을 외부에서 객관적으로 바라보는 데 큰 도움이 된다. 그럼으로써 현재 자신의 행동이 좋아 보이는지 나빠 보이는지도 느낄 수 있다.

이 방법은 주의력을 높이는 효과가 있기 때문에 상담 시간 외에도 활용할 수 있다. 예를 들어 특정한 누군가와 자주 갈등을 겪는다면, 그와 갈등을 겪는 상황을 비디오로 녹화하고 함께 보며 연구하는 것도 가능하다. 어쩌면 두 사람 모두 가려졌던 진실을 깨닫는 경험이 될지도 모른다.

전문가와 함께하는 심리치료가 어떻게 도움을 줄 수 있는지 좀 더 살펴보자. 심리치료는 결국 우리가 자신과 자신의 내적 삶을 어떻게 다루는지에 초점을 둔다.

그 때문에 어떤 심리학 연구의 주요 분파에서는 자기보호를 가장 중요하게 다룬다. 그러나 반드시 자기보호에 초점을 둔 상담을 받아야만 한다는 뜻은 아니다. 심리치료를 통해 내면의 자아를 발견해나가고 점점 더 안정감을 찾을 수만 있다면, 자기보호가 힘을 잃어가는 것을 보게 될 수 있다.

심리치료 과정은 자기보호를 어떻게 허물어뜨릴까. 마틴의 경우를 예로 들어보자. 마틴의 어린 시절, 엄마는 마틴을 잘 다룰 줄 몰랐고 마틴을 인정해주는 일에도 서툴렀다. 그렇게 자라나 성인이 되어 결혼한 마틴은 아내에게서 도무지 가까워질 수 없는 사람이라는 불평을 계속 들었고, 결국 심리치료를 받으러 상담실을 찾아왔다. 만약 심리상담사가 자기보호 전략에 초점을 둔 치료 방식을 따른다면, 마틴이 어떤 자기보호를 사용하고 있는지를 파악하는 데 주력할 것이다. 심리상담사가 순간순간 마틴에게서 관찰되는 것들을 그에게 직접 말해주는 것이다. 그렇게 해서 마틴이 자신의 전략들을 알아갈수록 자기보호의 위력은 약해진다.

이처럼 자기보호 전략에 초점을 둔 심리치료 방법으로 '집중적 단기역동심리치료(Intensive short-term dynamic psychotherapy)'라는 것이 있다. 이는 현재의 정서표현과 감정에 초점을 맞추는 역동심리치료의 기간을 단축하여 짧은 시간에 방어를 해제하고, 어린 시절의 무의식적 상처를 다시 경험하게 하는 방법을 말한다. 이 방법으로 상담실에서 나누는 대화의 일부분을 살펴보자.

상담사   지금 무얼 하고 싶으세요?

마틴   모르겠어요.

상담사   지금 자신이 거의 숨을 안 쉬고 있다는 거 눈치채셨나요? (숨을 멈추는 것은 효과적인 자기보호다. 어떤 감정을 느끼는 일이 고통스럽고 두려울 때 무의식적으로 흔히 하는 행동이다.)

마틴   아, 그렇군요. (억지로 웃으며 깊게 숨을 들이쉬고 내쉰다.)

상담사   웃으시네요? 지금은 무얼 하고 싶으세요?

마틴   (다른 곳을 본다.)

상담사   시선을 다른 곳으로 돌렸다는 거 느끼셨나요?
        지금은 어떤 느낌이세요?

마틴   (침묵)

상담사   주먹을 꽉 쥐고 계시네요.

마틴   (침묵)

상담사   화가 나십니까?

마틴   아마도요. (다른 곳을 본다.)

　자기보호 전략이 힘을 잃는 순간, 내담자가 마주치게 될 그다음 층위의 감정은 대부분 분노다. 심리상담사들은 그 사실을 잘 알고 있다. 이 대화를 통해 우리는 마틴의 첫 번째 분노가 어떻게 드러나는지 보았다. 그러나 마틴의 자동적인 자기보호는 겉으로 드러나고 낱낱이 분석될수록 머지않아 점점 힘을 잃게 될 것이다.

　심리상담사는 마틴에게 자신의 감정을 알아차리는 세 가지 방식을 통해 분노를 묘사해보라고 했다. 다시 말해 몸이 어떤 감각을 느끼고, 머릿속에 어떤 생각이 떠오르는지, 어떤 판타지가 결부된 충동을 느꼈는지를 물었다.

이때 상담이 효과적으로 이루어지고 있는 경우라면 마틴의 분노는 상담사를 직접 겨냥하게 될 것이다. 예를 들어 이런 식이다.

상담사　지금 저에 대해 어떤 느낌이 드시나요?

마틴　짜증이요.

상담사　짜증을 몸으로 느낄 수 있으십니까?

마틴　다리 근육이 뻣뻣하게 굳었어요.

상담사　지금 그 다리로 무얼 하고 싶으시죠?

마틴　오른쪽 다리로 선생님이 앉은 의자를 걷어차서 선생님을 바닥에 뒹굴게 하고 싶습니다. (마틴은 몸을 쭉 펴고 숨을 깊게 내쉰다. 이어서 상담사를 똑바로 쳐다본다.)

상담사　제가 바닥에 구르면 제 얼굴이 어떻게 보일까요?

마틴　깜짝 놀란 사람 같겠죠. (마틴의 표정이 밝아지면서 크게 미소를 짓는다. 상담사는 마틴에게서 한 번도 느끼지 못했던 활기를 느낀다.)

마틴은 심리상담사를 향해 자신이 느끼는 일차적이고 주된 감정을 인식하고, 접촉하고, 표현하기 시작한다. 이런 시작을 통해 유년기의 기억들이 튀어나올 것이다. 처음으로 자기보호를 써야만 했던 과거의 기억이 갑자기 아주 가깝게 다가올지 모른다. 이때 그런 기억은 반드시 밝은 빛으로 꺼내어 극복해야 한다. 견디기 힘든 느낌이 들더라도 밀쳐내서는 안 된다. 자신의 것으로 받아들이고, 다루고, 또 겉으로 표현해야 한다.

이런 과정을 통해 마틴은 이제 자신이 과거의 힘없는 어린아이가 아니라 다 자란 성인이며, 다른 사람과 함께 있어도 안전하다고 느낄 수 있다. 어릴 때는 감당할 수 없었던 감정을 지금은 잘 처리할 수 있다는 사실을 발견한다면 큰 해방감을 맛볼 것이다.

물론 다른 사람의 입을 통해 자신의 자기보호가 어떻게 작동되고 있는지 낱낱이 듣는 경험은 결코 유쾌하지 않다. 그 때문에 내담자들은 상담 과정에서 으레 강한 불쾌감을 드러낸다. 그동안 자신을 지켜주던 든든한 보호막이 사라지면서 숨기고 억눌러왔던 감정이 여과 없이 노출되면, 통제력을 잃어버리고 무엇을 해야 할지 알 수 없는 막막한 상태가 되기 때문이다. 집중적 단기역동심리치료를 받았던 한 내담자는 상담을 마친 뒤 이렇게 말했다.

"어느 면에서 이 상담은 제가 지금까지 겪은 일 가운데 최고이자 동시에 최악이었어요. 최악이었던 것은 시종일관 불안정하고 무력해진 기분을 느꼈기 때문입니다. 그렇지만 바로 내 옆에서 날 놓지 않겠다고, 이 상태로 계속 가겠다고 악착같이 우기는 또 다른 누군가를 경험했다는 점에선 최고였어요."

만일 당신이 자기보호를 허무는 과정에 들어섰다면, 지금 당신을 둘러싸고 있는 환경을 보호하려는 행동이 가장 먼저 튀어나올 것이다. 심리상담사가 전형적인 감정의 표적이 되는 것도 이 때문이다. 자기보호의 위력이 꺾이는 순간부터 내담자는 심리상담사를 보면 짜증이 난다. 어떤 감정이 가장 처음 등장할지는 상황에 따라 달라지겠지만, 역시 분노가 가장 흔한 감정이다. 그리고 분노

의 기저에는 또 다른 감정의 층들이 있다. 이런 감정들은 치료가 진행될수록 차차 모습을 드러낸다. 이 감정들을 좀 더 이해하기 쉬운 방식으로 표현해보자.

내면에 자리한 여러 감정의 층은 대개 위 도형과 같이 겹겹이 숨겨져 있다. 우리 행동 표면의 자기보호 전략을 거둬내면 그 아래에 짜증과 분노가 있고 그 아래에는 슬픔과 고통이 있다. 이 감정들의 가장 깊은 곳에는 사랑과 유대에 대한 강렬한 갈망이 있다.

앞서 소개한 사례처럼, 자신의 자기보호와 직접 대면

하는 일이 모든 사람에게 유쾌한 것만은 아니다. 하지만 어떤 사람은 적당한 시점과 적절한 순간에 시도할 경우 매우 큰 효과를 볼 수 있다.

물론 좀 더 조심스러운 치료가 필요한 사람도 있다. 중요한 것은 내담자들이 스스로를 더 잘 인식하고 이해할 수 있도록 돕는 것이 가장 우선시되어야 한다는 것이다. 자기보호를 발견하고 그것을 허물어뜨리는 데 비중을 두지 않더라도 심리치료 과정에서 환자가 안정을 얻으면, 이따금 상처 난 부위에 새살이 차오르면서 딱지가 자연스레 떨어지듯 자기보호가 저절로 사라지기도 한다.

가끔 나는 내담자들에게 지금의 사고방식이나 행동방식이 혹시 더 깊이 숨어 있는 감정과 거리를 두기 위한 자기보호일 수 있다고 생각하지 않는지 신중하게 물어보곤 한다. 만일 '아니오'라는 분명한 대답이 되돌아오면 더 이상 밀어붙이지 않는다. 내가 틀릴 수도 있고, 아니면 아직 상처 난 부위에 새살이 충분히 차오르지 않아서 문제가 겉으로 드러날 시기가 오지 않은 탓일 수도 있기 때문이다.

간혹 전문가의 도움 없이도 잘못된 자기보호에서 벗어나는 사람들이 있다. 이들은 혼자 힘으로 또는 연인이나 배우자, 친구들의 호의적인 관심 속에서 자기보호를 벗겨내는 데 성공한다. 하지만 혼자 힘으로 해내지 못하는 사람이라고 해서 더 큰 문제를 가지고 있는 것은 아니다. 증상이 심각하지 않을 때 병원에 가는 게 더 좋은 것처럼, 전문 상담사를 만나거나 힘든 과정을 함께해줄 다른 안내자가 있는 것은 좋은 일이다. 같이 있을 때 안전하다고 느껴지는 사람, 나를 인정해주는 사람, 걷잡을 수 없는 슬픔이 밀어닥치는 순간에도 내게 희망을 불어넣어 줄 수 있는 사람, 그런 사람이라면 힘든 여정의 동반자가 되어줄 수 있다.

분노를 거쳐 슬픔으로
그리고 친밀한 관계의 회복으로

앞에서 자동화된 자기보호가 드러나는 순간 사람들이

전형적으로 보이는 반응은 짜증과 분노라고 한 바 있다. 마틴이 자기보호 전략이 헐거워지자 심리상담사에게 화를 냈던 것처럼 말이다. 우리 중에도 다른 사람이 가까이 다가오면 짜증이나 분노를 드러내는 사람들이 있다. 이들은 심지어 자신에게 필요한 것이나 자신이 좋아할 만한 것을 줄 때도 그렇게 반응해 버린다. 이는 바로 자기보호가 외부와의 관계에서 더욱 문제를 일으키는 경우다. 그렇다면 그때 나타나는 짜증과 분노는 진짜 감정일까? 사례를 통해 더 자세히 살펴보자.

헬렌은 어떤 연애에도 만족하지 못한 채로 상담실을 찾아왔다. 하루는 그녀가 궁금한 게 있다며 말문을 열었다. 막연히 얼굴 정도만 아는 한 남성이 있고, 그가 헬렌에게 개인적으로 만나자는 제안을 몇 차례 했다고 말이다. 그렇지만 헬렌은 계속 거절했다. 괜히 그에게 짜증이 났기 때문인데, 헬렌도 그 이유를 알 길이 없었다. 헬렌과 나는 이유를 곰곰이 따져보았다. 헬렌은 짜증이 날 만한 것들을 추려보기 시작했다. 남자의 태도 가운데 헬렌의 눈에 못내 거슬리는 측면이 있을지도 모르니까 말이다. 그러나 아무리 찾아보아도 헬렌이 강한 거부 반응을 보일 만한 이유를 찾을 수가 없었다.

상담이 계속된 뒤에야 우리는 이유를 알게 되었다. 치료 과정에서 헬렌이 오랫동안 회피해왔던 어떤 슬픔이 밖으로 튀어나왔던 것이다. 우리는 그 남자와 새로운 관계를 맺으려고 하는 일이 헬렌의 묵혀왔던 슬픔을 건드렸다는 사실을 알게 되었다. 상담을 통해 헬렌이 그 감정을 극복하자 그녀는 그 아래에서 다른 사람의 관심을 받고 싶어 하는 자신의 진짜 갈망을 발견할 수 있었다. 실제로 헬렌은 그 남성과 함께 있고 싶다는 아주 큰 욕망을 갖게 되었다. 지금껏 헬렌이 익숙했던 수준을 훨씬 뛰어넘는 공감과 따뜻함을 그 남성이 제공해줄 수 있다는 사실을 깨달았기 때문이다.

과거 언젠가 내가 일부러 차단시켰던 슬픔이나 갈망, 고통을 내면에 감추고 있으면, 타인의 관심을 받을 때 이로 인해 복잡하고 다양한 반응이 나타난다. '잊어버렸던'

고통이 우리의 의식 밖으로 뚫고 나오려고 하기 때문이다. 고통은 우리가 자기를 돌봐주기를 원한다. 우리에게 슬퍼해달라고 아우성을 친다.

슬픔은 상처를 치유하기 위해 거쳐가는 길이다. 그러나 사람의 심리에는 슬픔과 고통을 피하려는 타고난 욕구가 있기 때문에, 우리는 그 길을 막기 위해 알게 모르게 수많은 자기보호를 동원한다. 자기보호 때문에 그 슬픔과 고통에 가까이 다가가지 못하면, 슬픔과 고통을 극복할 수도 없고 그것을 자신의 인격으로 승화시키는 작업도 할 수 없다.

앞에서 다루었듯이, 우리 안의 갖가지 자기보호는 층을 이루며 존재한다. 가장 바깥 층위에는 나를 위험한 환경으로부터 차단시키기 위한 전략들이 자리한다. 그리고 그 아래에는 흔히 분노나 짜증이 숨어 있다.

분노 역시 내적으로나 외적으로 모두 효과 만점인 자기보호 전략이다. 외적으로는 분노를 터트림으로써 주변 사람들이 말문을 닫고 물러나게 만든다. 내적으로는 분노가 모든 감정을 위에서 덮어버림으로써 당시 내가 느꼈을지도 모를 다른 감정, 예컨대 무력감이나 슬픔 따위를 더 이상 느끼지 못하게 만든다.

게다가 분노는 지속시키기 쉬운 감정이다. 누군가에게 속았다거나 억울한 취급을 받았다는 느낌이 끊임없이 생각을 자극하면, 그런 생각들이 증폭되어 분노는 쉽게 사그라지지 않는다. 내면에 분노를 갖기 쉬운 성향의 사람들은 좌절과 후회의 감정을 중심으로 갖은 생각들이 꼬리에 꼬리를 문다. 가령 '그때 행동을 그렇게 하지 않았으면 일이 얼마나 잘 풀렸을까' 같은 고민들을 반복하는 것이다.

반면 어떤 생각들은 떠오르는 즉시 습관적으로 억압당한다. 내적인 분노와 외적인 분노 모두 상대적으로 취약한 감정들, 예를 들어 무력감, 슬픔, 금지된 기쁨 등을 느끼지 못하도록 차단하려고 한다.

만약 이 책을 읽으면서 알 수 없는 짜증이 났다면, 당신이 사용하는 자기보호 가운데 어느 하나가 거의 밖으로 드러날 수준이 된 것일 수 있다. 자신의 자기보호를 발견하고 거기에서 헤어나오는 과정의 첫 단계에서는 반드시 혼란과 불편함을 거치게 되어 있다. 지금 당신은 그 혼란과 불편으로부터 자신을 차단하고 보호하기 위해 짜증이라는 전략을 사용하고 있는 것이다.

그러나 분노는 자기보호의 여러 층위 가운데 하나일 뿐이다. 분노를 토해내는 것 자체가 우리의 목표는 아니다. 어떤 사람은 그동안 분노 감정을 숨겨주었던 자기보호가 헐거워지면서 예전보다 더 또렷이 분노를 경험하게 된다. 그럼으로써 오히려 굉장히 마음이 후련해진다. 이들은 '아니오'라고 말하듯 불편한 것들을 밀어내고 자신을 돌보며 예전보다 자신이 훨씬 나아졌다고 느낀다. 그래서 원하던 목적지에 도달했다고 쉽게 결론 내려버릴 수도 있다.

하지만 분노는 중간 정거장일 뿐이다. 우리는 이때 감정을 곧바로 행동으로 옮기고 싶다는 유혹을 아주 강렬하게 느끼게 된다.

캐스퍼가 분노를 곧바로 표출한 경우였다. 캐스퍼는 상담을 진행하며 자신이 사용하던 자기보호와 만나고 자신의 과거를 들여다보게 되었다. 어린 시절에 자신이 겪은 결핍을 인지하게 되자 그의 내면에 숨어 있던 분노가 모습을 드러냈다. 캐스퍼는 곧장 나이 든 부모님이 있는 집으로 달려갔다. 그리고는 부모님의 잘못된 양육 방식에 대해 비난하기 시작했다. 그는 부모님 때문에 주눅 들어서 보냈던 자신의 지난 시간들이 어땠는지를 부모님 앞에서 모두 다 쏟아냈다. 그렇게 밖으로 모든 것을 꺼내놓자 캐스퍼는 마음이 홀가분해졌다. 의기양양한 기분도 들었고, 오랜 시간 느끼지 못했던 에너지도 샘솟았다.

그러나 이렇게 앞뒤 사정을 고려하지 않고 분노를 행동으로 옮기는 것은 자신의 생존을 위해 취하는 섣부른 전략에 불과하다. 결코 감정을 다루는 데 건설적인 기술이 아니다. 물론 분노를 폭발시켜서 긍정적인 결과를 얻기도 한다. 아예 표현하지 않는 것보다 나은 경우도 있다. 그리고 다른 사람에게 용서를 구할 용기가 있는 사람이라면 상대방에게 분노를 쏟아내고 상처 주었다 할지라도 후에 진정한 용서를 구함으로써 관계를 회복할 수 있다.

하지만 일반적으로 분노라는 감정은 곧장 행동으로 표출하지 않고 참는 편이 최선이다. 분노를 터뜨리고 그것으로 상대에게 짐을 지우기 전에, 우선 어느 정도 자기 안에서 마음을 정돈하는 과정을 거치는 게 좋다. 화를 참을 에너지를 모으며, 열린 마음으로 상대에게 공감을 보일 수 있을 때까지 기다리는 것이 가장 좋다.

캐스퍼는 부모님 집을 찾아갔던 그날 이후로 몇 년이 지난 뒤에야 그분들의 관점에서 상황을 바라볼 수 있었다. 사실 부모님 입장에서는 영문도 모른 채 갑자기 기습을 당한 것이었다. 아들의 분노로 가득 찬 고백을 들은 뒤로 그들은 내내 마음이 힘들었다. 게다가 그들에게는 아들이 말한 내용을 이해할 만한 내면의 자원이 없었다. 그날 이후로 오랫동안 그들은 아들을 조심스레 대했다. 혹시나 자신들이 아들에게 상처를 더 주게 될까 봐 두려웠기 때문이다. 그들이 할 수 있는 일이라고는 아들과 멀찍이 거리를 두는 것뿐이었다.

분노를 느끼고 표현하는 것 자체가 삶의 최종 목표인

사람은 없다. 분노 아래에 자리한 슬픔과 갈망을 느끼고 표현하여 우리 삶을 훨씬 더 풍요롭게 하는 것이 목표이다. 그럼으로써 타인과의 친밀감과 유대감을 더 많이 경험할 수 있도록 말이다.

진정한 자유를 누리려면 고통에 직면하라

짜증과 분노라는 자기보호 전략의 아래층에는 슬픔과 고통이 존재한다. 어떤 사람들은 이런 감정의 층이 불운한 어린 시절을 보낸 사람에게만 해당되는 이야기인 것처럼 생각한다. 그러나 세상에 완벽한 부모를 가진 사람은 없다. 누구나 어릴 때 적절한 관심과 도움을 제공받지 못해 실망을 겪은 적이 있다. 누구에게나 부모에게 사랑받지 못한다거나 버림받았다고 느껴본 경험이 있다. 이런 경험들은 크고 작은 정도의 차이는 있을지언정 어떤 식으로든 우리 안에 흔적을 남긴다.

앞서 '집중적 단기역동심리치료'를 받았던 마틴의 이야기로 돌아가보자. 다음 대화는 마틴이 화를 내고 시간이 조금 지난 뒤에 심리상담사와 나눈 대화 내용이다.

상담사   지금은 몸에서 어떤 게 느껴지십니까?

마틴   목구멍에 뭔가 걸린 느낌이에요. 차갑고 슬프고 뭔가가 아쉬워요.

상담사   무엇이 아쉬우십니까?

마틴   모르겠어요. (시선을 회피한다.)

상담사   시선을 돌리시네요. 지금은 어떤 기분입니까?

마틴   공허해요.

상담사   그 공허함 안에 무엇이 있을까요?

마틴   (눈물을 흘린다.)

상담사   지금 무얼 원하세요? 선생님을 지금 행복하게 해드리기 위해 제가 할 수 있는 말이나 행동이 있을까요?

마틴   절 좋아한다고 말해주시면…. (눈물을 흘린다.)

그때 마틴의 머릿속에 어린 시절이 불쑥 떠올랐다. 마틴은 여간해서는 웃지 않는 엄마가 혹시라도 자기를 향해 미소를 지어줄까 싶어 저녁 식탁에서 뚫어져라 엄마만 쳐다보았던 날이 기억났다. 하지만 엄마의 얼굴은 끝끝내 미동 없이 냉정했고, 어린 마틴은 실망과 상실감을 느끼며 식탁을 떠났다.

심리상담사 앞에서 눈물을 흘린 순간, 마틴은 자신에게서 전전긍긍하던 어린 소년의 모습을 볼 수 있었다. 사랑받고 싶어서 최선을 다했지만 감정적인 친밀함과 유대감을 거의 얻지 못한 소년이었다. 그러면서 마틴은 자신에게 사랑이 결핍되어 있음을 느꼈다. 사랑받지 못하는 경험을 다시 하는 것은 마틴의 존재를 뿌리부터 흔드는 일이 될 수 있다. 그렇기 때문에 사랑하고 사랑받는 관계에서 문제가 생겼던 것이다. 특히 자신이 유년기에 강하게 밀착되어 있던 사람에게서 꼭 받아야 하는 사랑을 받지 못한 경우에는 더욱 그렇다. 이것이 마틴이 가진 문제의 핵심이다. 이 문제를 푼다면 마틴의 삶에 다시 활력과 생기를 불어넣을 수 있다. 마틴은 자신의 어린 시절 모습과 어른이 되어서도 여전히 전전긍긍하는 지금의 모습 모두에 연민이 생겼다. 그러면서 자신의 내면에 숨어 있던 슬픔을 온전히 느끼기 시작했다.

자기보호가 사라지는 순간, 우리에게는 이렇게 어린 시절의 기억이 당시의 느낌 그대로 생생하게 되살아난다. 마틴 역시 처음에는 격한 슬픔이 밀려오자 몹시 불쾌했다. 그러나 그는 슬픔을 있는 그대로 수용했다. 그리고 감정을 받아들이는 방법을 차츰 배워나갔다. 그러면서 슬픔과 기쁨이 서로 얼마나 가까이 있는지도 알게 되었다. 그는 마침내 두 감정 모두를 받아들이고 자기 안에 함께 존재하도록 하는 것이 얼마나 삶을 긍정하며 생동감을 주는 일인지도 발견하게 되었다.

중요한 것은 내 안의 슬픔을 만나는 것이다. 스스로에게 슬픔을 느낄 기회를 주고, 그 슬픔을 말로 표현해보라. 그러면 슬픔이 나라는 사람의 일부가 되고, 나는 그것을 어렵지 않게 내 안에 지닐 수 있다. 또 친밀하고 안전한 관계를 맺은 누군가에게 내 슬픔을 보여줄 수 있게 된다.

우리가 살아가며 잘못된 행동을 되풀이하는 것은 슬픔과 불편을 피하려고만 했기 때문이다. 나 자신과 함께한다는 것은 자신의 삶에서 해결하지 못했던 오랜 문제들, 예컨대 사랑받거나 사랑받지 못한 과거의 경험들과도 함께한다는 뜻이다. 어렸을 때 혹은 성인이 된 후에도 누군가로부터 사랑을 받았거나 받지 못했다는 느낌으로부터 스스로 거리를 두어왔다면, 당신은 다른 사람이 당신을 좋아하는지 아닌지를 느낄 수 있는 내면의 장소와도 멀찍이 떨어져 살아왔을 것이다.

또 다른 경우를 살펴보자. 긴 인내심을 가지고 오랜 치료 과정을 지속했던 샬럿은 어느 날 이렇게 말했다.

"이제 저는 사귀는 사람이 진심으로 저를 좋아하는지 아닌지 느끼는 법을 배웠어요. 저와의 만남이 그저 단순한 흥미 때문인지 아닌지도 판단하게 되었죠. 만약 상대가 진지한 태도가 아니라면 이제는 그 사람과의 관계에 집중하기보다는 저 자신을 더 챙길 거예요.

예전에는 저한테 웃어주고 손을 내미는 거의 모든 사람에게 제 마음을 전부 줬어요. 속으로는 제가 하찮은 사람이니까 누가 저에게 친절을 보이면 마땅히 고마워해야 한다고 생각했거든요.

그런데 어릴 때 사건을 다시 끄집어내 겪고 나니까, 제가 정서적인 접촉이나 따뜻함에 있어서만큼은 참 불행한 조건에서 살았다는 걸 알게 됐어요. 저는 사랑을 갈구하는 아이였더군요.

처음에는 이런 깨달음이 종종 너무 버거웠어요. 물론 제가 그렇게 많이 울었던 건 대부분은 안도감 때문이긴 했지만요. 깨달음이란 건 마치 밀려왔다 밀려가는 파도 같더군요. 어떤 때는 밝은 빛 아래서 새로운 깨달음을 환하게 보는 것 같다가도, 얼마 못 가서 금세 다시 거기에 대해 회의가 마구 몰려오니까요.

지금도 눈물이 날 때가 있어요. 하지만 그래도 혼돈과 혼란 속에서 제 길을 찾아 나가는 중이에요. 그런 혼돈이나 혼란은 새로운 정체성 안에서 평안을 찾기 위해 반드시 거쳐야만 하는 것이니까요. 제가 찾은 저의 새로운 정체성은 다른 사람과의 관계에서 제가 무얼 원하고 원하지 않는지 결정할 수 있는 새로운 토대가 되었어요."

샬럿의 생각은 다음과 같은 단계를 거치며 변화해갔다. 먼저, '나는 하찮은 사람'이라는 문장이 어린 시절부터 샬럿의 마음 깊숙한 곳에 박혀 있었다. 그래서 제아무리 긍정적으로 생각하려 해도 그때마다 그 부정적인 문장이 계속 튀어나와 샬럿의 관심 영역을 지배했고, 그녀를 우울한 상태로 밀어 넣었다. 이는 어린 시절에 사랑받지 못했다는 슬픈 느낌으로부터 샬럿 자신을 방어하려는 일종의 자기보호 기능을 했다.

그러나 샬럿은 어릴 때 겪었던 실제 상황을 똑바로 바라보았고, 그때 자신이 느꼈던 감정을 다시 만났다. 그러자 그녀를 단단히 옭아매고 있던 끈질기고 근원적인 생각, 즉 자신을 하찮은 사람이라고 여기던 생각은 그제야 힘이 약해졌다. 그리고 샬럿은 다 자란 성인 여성이라는 지금의 현실에 걸맞게 자신을 새롭게 발견하고 이해할 수 있었다.

자기보호는 이렇게 현재의 삶에서 득보다 실이 더 많다. 그런데 자기보호가 허물어지면 우리는 행복해질까? 반드시 바로 행복감을 느끼게 되는 것은 아니다. 처음에는 오히려 나약해지는 느낌이 든다. 발가벗겨진 기분이 들 수도 있다. 그렇지만 살아있다는 고양된 기분도 동시에 맛볼 것이다. 그리고 대부분의 경우, 좋든 싫든 지금 내가 맺고 있는 관계 안에서 좀 더 온전하게 존재하고 있다는 자각이 들 것이다. 어떤 사람들은 그 이후부터 성공적인 관계를 맺고 더 큰 만족과 기쁨을 경험하지만, 반대로 어떤 이유로 친밀감을 얻는 데 실패한 관계에서는 오히려 이전보다 더 큰 고통을 느끼게 되었다고 말하기도 한다. 이는 그동안 잘못된 관계를 그저 억누르고 있었다는 사실을 깨달았기 때문이다.

그럼에도 자신의 내면에 숨어 있는 고통을 만나야 한다. 처음으로 자신의 고통을 만나고, 그와 동시에 타인과 건강하고 친밀한 접촉을 하면 삶을 긍정적으로 대할 수 있는 큰 힘이 생긴다. 잘못된 관계가 주는 고통에서 벗어날 힘도 생긴다. 샬럿은 이에 대해 이렇게 말했다.

"저의 내면이 깊은 슬픔으로 가득 차는 느낌이었습니다. 하지만 도망가고 싶은 충동이 드는 게 아니라 상담사 선생님과 마음을 나누며 계속 머물고 싶다는 생각이 처음 들었을 때, 완전히 새로운 세계가 열리는 것 같았어요. 무방비 상태가 된 것 같으면서도 동시에 활짝 깨어난 느낌이었죠. 인생에서 스스로 얻을 수 있는 것에 대한 자신감도 생겨났고, 희망과 에너지도 커졌습니다."

지금 이 순간에도 수많은 사람이 자신의 고통으로부터 그리고 타인으로부터 거리를 두기 위해 엄청난 에너지를 쓰며 산다. 그러나 고통을 내 안으로 끌어들여 통합하고, 묻어두었던 슬픔과 갈망을 느끼도록 스스로를 허락하는 것이야말로 진정으로 자유로워지는 길이다.

나는 무엇을 진정으로
갈망하고 있었나

우리는 태어날 때부터 다른 사람과 친밀한 유대 관계를

맺을 준비가 되어 있다. 새들이 본능적으로 둥지 트는 법을 알 듯, 신생아는 사람들과 유대감을 맺는 데 필요한 모든 것을 가지고 태어난다.

아이의 아버지와 어머니는 각자 자신의 개인사를 등에 진 채 한 가정을 이룬다. 두 사람은 서로 다른 가정에서 태어났고, 좋은 것이든 나쁜 것이든 각자의 사회적, 생물학적 유산을 지니고 있다. 따라서 부모들이 내면의 커다란 슬픔을 계속 짊어지고 다닌다면, 그들 자신도 유대 관계를 형성하는 데 문제가 생길 수 있다. 심지어 이 문제는 부모 자신에게 국한되지 않고 아이에게까지 영향을 미친다.

그런 부모 밑에서 성장한 아이는 나중에 성인이 되어서도 무언가를 강렬히 열망하면서 인생을 살아갈 것이다. 아이는 본능적으로 자신에게 있어야 하지만 얻지 못한 그 무언가의 존재를 감지한다. 그러나 실제로는 자신에게 없는 그것이 무엇인지, 또렷한 이미지를 알지 못한다.

앞서 소개한 샬럿은 나와 상담을 진행하던 도중, 기억할 수 없을 만큼 까마득히 어린 시절부터 같은 꿈을 반복해서 꿔왔다는 사실을 갑자기 떠올렸다. 꿈의 내용은 간단히 말해 이런 식이다. 샬럿은 생사가 오가는 절체절명의 상황에 놓여 있다. 도움을 구하려고 전화기를 들었지만 키패드에는 샬럿이 누르려 했던 번호들이 빠져 있다. 전화기를 든 채 그녀는 절망감에 어쩔 줄 몰라 눈물을 흘린다. 그리고 어떻게든 전화를 걸어보려고 발을 동동 구르다가 잠에서 깬다.

이 꿈은 샬럿이 어렸을 때 겪었고 성인이 된 후에도 반복해서 경험하는 외로움과 절망의 이미지다. 샬럿의 어머니에게는 심각한 정신적 문제가 있었다. 그래서 샬럿은 아주 드물게, 그것도 예측할 수 없는 순간에만 어머니와 제대로 된 정서적 접촉을 할 수 있었다.

그렇게 어른이 된 샬럿은 연애할 때마다 일정한 패턴을 반복했다. 그녀의 연인들은 대부분 그녀가 무언가를 도와주려고 애를 써야 하는 유형의 남자였다. 그때마다 샬럿은 상대가 너무 외로운 사람이라고 생각했다. 자신이 줄 수 있는 친밀함과 유대감을 그들이 필요로 한다고 상상했다. 하지만 샬럿이 친밀감과 유대감을 주고자 애쓸수록 상대는 자꾸 뒤로 물러섰다. 이런 시도는 매번 절망과 눈물로 끝이 났다.

심리치료가 진행되면서 샬럿은 자신이 보살피려 했던 상대 남자들의 깊은 외로움이 사실은 자신의 것이었음을 깨달았다. 샬럿은 그동안 자신의 외로움과 거센 갈망을 상대 남자에게 투사해왔던 것이다. 아니면 오히려 그런 감정이 강렬해지는 상황을 피함으로써 자신을 방어하기도 했다. 가령 샬럿은 아주 오랫동안 몇몇 사랑 노래 가사들을 이해할 수 없었다. 동성 친구 가운데 누군가가 사랑에 빠지면 그 친구를 멀리했다. 강렬한 사랑의 감정에 이입되는 것을 회피해왔던 것이다.

외로움에서 벗어나 사랑의 감정을 느끼고 싶은 샬럿의 갈망은 턱밑까지 차올라 있었다. 비록 그 감정을 감히 온전히 마주보는 일도, 그 감정에 자신이 어떻게 반응할지를 느끼는 것도 오랫동안 불가능했지만 말이다. 하지만 그럼에도 샬럿은 그 감정의 존재를 언뜻언뜻 강렬하게 경험했다. 그래서 체념하고 포기하는 대신 자신에게 결여된 것을 찾기 위해 노력했다.

그리고 마침내 샬럿은 자신에게 잘못된 자기보호 패턴이 있음을 깨달았다. 어머니와의 관계를 직시하고 자신의 외로움과 갈망을 마주하는 법을 배우자, 샬럿은 더 이상 사랑 노래나 연애 중인 친구를 기피할 필요가 없어졌다. 그리고 다른 유형의 남자들이 그녀의 인생에 나타나기 시작했다.

어떤 이들은 자신이 사랑을 갈망하고 있음을 느끼지 못한다. 사랑 없이 정서적으로 가난한 삶에 스스로 만족하고 만다. 자신의 인생에 그 이상이 존재할 수 있다는 믿음을 포기한다. 그 대신 음식이나 잠, 오락거리 등을 남용하며 스스로를 속인다. 그러나 이렇게 자신을 속이고 있는 사람들이 묻어두었던 갈망은 꿈이나 판타지를 통해 보여지곤 한다. 아니면 자신의 감정에 충실한 삶을 사는 이들을 질투하거나 경멸하는 태도에서 갈망이라는 빙산의 일각이 살짝 드러날 수도 있다.

우리는 그렇게 갈망의 일부가 언뜻 모습을 드러내는 순간에 집중해야 한다. 그 갈망을 자각하는 것이 고통스럽더라도, 외면하지 않고 직시해보려는 노력이 필요하다. 제아무리 고통스럽다 할지라도 자신의 갈망을 느낄 수 있다면 자신이 갈망하는 것에 더 가까이 다가갈 수 있다.

어떤 사람들은 가족이나 친구, 연인, 배우자와 안정적인 관계를 유지하고 있으면서도, 여전히 또 다른 갈망을 가지고 있다. 이들은 어쩌면 상대에게 더 가까이 다가가는 법을 배울 필요가 있을지 모른다. 나는 나의 책《센서티브》에서 사람들과 관계 맺을 때 어떻게 대면 접촉의 수위와 단계를 조절할 수 있는지 설명한 바 있다. 그리고 인간관계를 얕게 또는 깊게 맺는 데 도움이 되는 다양한 방법들도 소개해두었다.

의사소통은 크게 네 단계로 이루어진다. 첫 번째는 잡담과 피상적인 대화다. 나비가 이 꽃에서 잠깐 꿀을 빨아

먹고 다른 꽃으로 날아가는 것처럼 계속 화제를 바꾸며 대화를 나눌 수 있다. 이 단계의 장점은 대화를 쉽게 시작하고 끝낼 수 있다는 것이다. 잡담을 잘하는 것도 중요한 기술이다.

실제로 외향적인 사람들은 자연스럽고 편하게 잡담을 나눈다. 그러나 이런 유형의 대화를 힘들게 생각하는 사람도 있다. 그런 사람들은 잡담의 몇 가지 기본적인 원칙을 알아두면 도움이 될 것이다. "오늘은 날씨가 춥네요", "비가 오네요", "이게 무슨 냄새죠?", "이 음식 참 맛있네요", "구두 정말 예쁘네요"처럼 그 시간 그 장소에서 일어나는 일을 말하면 된다.

그러나 민감한 사람들은 이런 대화가 너무 오래 지속되면 불만스러워한다. 당신은 그런 대화를 나눌 때 하드드라이브가 쓸모없는 자료로 가득 채워지는 것처럼 느낄지도 모른다. 당신은 더 의미 있고 진지한 대화를 원할 것이다.

아직 잘 모르는 사람과 관계를 시작할 때는 잡담이 서로를 연결해주고, 적절한 대화의 문을 열어주는 역할을 한다. 그럴 때 중요한 건 대화의 내용이 아니라 말투나 분위기다. 잡담은 상대방과 공유할 수 있는 관심사를 탐색하는 동안 두 사람을 이어주는 역할을 하고, 익숙하지 않은 환경을 편안하게 느끼게 해준다. 잡담 나누는 것을 어렵게 느낀다면 미리 연습하는 것도 좋은 방법이다.

두 번째는 상대방의 흥미를 끄는 대화다. 이 단계에서는 공통의 관심사를 찾아낼 수 있다. 의견과 정보를 교환하거나 정치, 자녀교육, 그 밖에 서로 흥미를 느끼는 주제에 대해 토론하고, 의견 일치와 결정이 이루어진다. 이때 마치 물고기가 물을 만난 것처럼 자유롭게 활발한 대화를 나누는 사람들이 있다. 그들은 새로운 지식을 얻고 토론할 때 에너지를 얻는다. 남들보다 민감한 사람들은 공통의 관심사에 대해 생각을 교환하는 건 좋아하지만, 흥분해서 공격적인 어조로 논쟁을 벌이는 것은 불편해한다. 이 단계에서는 대화 상대의 직업, 사는 곳, 경제적인 상태에 대한 정보를 나누기 때문에 역할 단계로 불린다. 특정한 지위나 역할로 자기 자신을 표현한다. 예를 들어 자녀를 둔 여성은 엄마로서 유치원 교사에게 조언할 수 있고, 간호사는 약에 대해서, 화가는 색채에 대해서 조언할 수 있다.

이 단계는 대부분 자신감 있고, 말을 많이 하는 사람들에 의해 주도된다. 이런 대화에 적응하려면 자신이 이야기할 기회를 포착하는 연습을 하는 게 좋다. 모두 자기 이야기를 하고 싶어 하기 때문에 말할 기회를 잡는 것이 어렵게 느껴질 수도 있다. 특히 민감한 사람들은 남들이 말할 때 끼어드는 건 무례한 태도라고 생각하고, 빨리 대응하지 못하기 때문에 말할 기회를 놓친다.

당신은 서로가 이야기를 들어주려는 태도로 대화를 나누는 상태를 가장 편안하게 느낄 것이다. 어떤 상황에서는 남의 이야기를 일방적으로 듣는 게 가능할 수도 있다. 그러나 한 사람이 대화를 주도하면서 자신의 말이 그룹 전체에 어떤 영향을 미치는지, 어떤 문제를 일으키는지 진지하게 생각하지 않을 때는, 문제점을 지적하는 게 좋다.

세 번째는 개인적인 영역의 대화다. 자기 주변의 일이나 다른 사람들에 대한 감정과 경험을 말할 수 있다. 또 상대방을 당신의 개인적인 영역으로 끌어들이게 된다. 당신은 자녀, 결혼 생활, 동료, 가족과의 관계에 대한 이야기를 할 수 있고, 가십이나 루머를 나눌 수도 있다. 이 단계는 상대방에게 다른 누군가에 대한 감정을 표현하고, 상대가 그러한 당신의 느낌을 이해하게 만드는 단계다.

이때 두 사람의 분위기는 매우 친밀하고 활발하다. 당신은 상대방과 많은 공통점을 가지고 있고, 내면적인 삶이 남들과 크게 다르지 않다는 사실을 알게 된다. 누군가와 개인적인 내면의 삶을 공유하는 것은 즐거운 일이다. 당신은 무거운 짐을 벗어버리고, 훨씬 가벼워진 느낌이 들지도 모른다.

이 단계가 어렵게 느껴진다면, 그것은 당신의 내면에 남들에게 보여주기 싫은 부분이 있기 때문이다. 그럴 때는 개인적인 고백을 듣는 당사자가 불편하게 느낄 수도 있다. 특히 상대방이 고백하고 나서 당신이 자기편이 되어주기를 기대한다면 더욱 그럴 것이다. 화가 많이 나 있는 사람의 말을 듣는 것도 매우 곤혹스러운 일이다. 당신이 과도한 자극을 받았거나 심한 스트레스를 받은 상태라면, 남의 고백을 들어주기가 매우 힘들 수도 있다.

네 번째는 직접적인 대화다. 지금 여기서 일어나고 있는 일, 너와 나에 대해 이야기할 수 있다. 이 단계에서는 서로에 대해 어떻게 느끼고, 어떤 생각을 갖고 있는지 알 수 있다. 이것은 매우 친밀하고 밀도 높은 직접적인 대화다. 이 단계는 당신이 다른 사람에게 어떤 의미를 가진 존재인지 파악하는 단계다. 이때 이루어지는 대화는 영혼을 풍요롭게 한다. 사랑에 빠진 사람이 사랑하는 대상에게 "당신을 사랑합니다"라고 말할 수 있다. 남편이 아내에게 "당신이 지금처럼 나를 쳐다볼 때마다 당신 곁을 떠나고 싶어"라고 말할 수도 있다.

어떤 사람은 이런 단계의 대화를 거의 나누지 않는다. 일생 동안 이런 종류의 대화를 겨우 몇 번밖에 나누지 않는 사람도 있다. 그러나 우리는 이때의 대화를 평생 잊지 않고 회상한다. 이와 같은 대화로 상대방과 연결되는 것은 매우 강렬하고, 때로는 두려운 경험이다. 당신은 그런 말을 하면 상대방이 상처받을까 봐 두려울지도 모른다. 그러나 이 단계를 회피하면 지루하고 생명력 없는 관계가 된다.

우리가 타인에게 더 가까이 다가가고자 할 때, 나에 대한 이야기를 어느 정도까지 나누어야 하는지는 흔한 고민거리다. 내가 원래 나의 모습에 대해, 나 자신에 대해 새로운 무언가를 알게 되었다고 해보자. 예컨대 부모에 대한 인식이 바뀐 상황이 있을 수 있다. 그럴 때 그 문제와 관련된 사람들에게 내가 새롭게 알게 된 사실을 반드시 나누는 것이 좋을까. 이 문제를 다음에서 다루어보자.

모든 관계에서
적절한 균형점을 찾기까지

부모님과 나 자신에 대해 좀 더 사실적인 시각을 갖기 시작하는 순간부터 우리는 자신의 내적 자아를 다루는 일을 하게 된다. 이렇게 내적 자아를 익숙하게 다루기 위해서는 통상적으로 많은 시간이 필요하다. 새롭게 눈 뜬 사실과 깨달음을 부모님에게 어느 정도까지 말씀드리고 부담을 드릴 것인가의 문제도 있다. 이 문제는 구체적인 관계마다 다르게 접근해야 한다.

하지만 명심해야 할 것이 있다. 오랫동안 이상화된 부모상을 가지고 살아오다가 어느 날 그것이 산산이 깨지는 경험을 했다면, 한동안은 거꾸로 부모님을 평가 절하하는 덫에 빠진다. 이런 시기는 누구나 반드시 거칠 수밖에 없다. 부모님을 실제 모습보다 더 좋게 보아온 만큼, 반대로 더 나쁘게 보는 덫에도 쉽게 빠진다.

마리아도 그런 경우였다. 마리아는 자주 이렇게 말하곤 했다.

"우리 부모님은 저한테 모든 것을 주셨어요."

그러나 이상화된 부모상이 깨어지자 모든 것이 뒤바뀌어버렸다. 마리아는 이후 어떤 사람을 만나도 자기에게 절대 좋은 것을 주지 않을 거라고 여겼다. 그러나 몇 달이 흐르자 마리아는 조금씩 균형을 회복할 수 있었다. 마리아는 부모님이 자신을 진심으로 그리고 사심 없이 돌보아주었던 순간들을 기억해낼 수 있었다.

마리아는 부모님을 만나는 일을 잠시 미루자던 심리상담사의 조언을 잘 따랐다. 이처럼 새로운 인식 때문에 혼란스러울 때는, 내면이 잠잠해지고 세상을 보는 새로운 시각이 자리 잡을 때까지 기다리는 시간이 필요하다.

또 다른 사례를 살펴보자. 소피아는 어린 시절을 떠올리며 어머니의 행동이 절대 나쁜 마음에서 나온 것이 아닐 수도 있음을 받아들였다. 그리고 어머니 역시 사회적, 생물학적 유산의 피해자였다는 사실도 이해했다. 하지만 자신의 이상화가 깨어지며 받은 엄청난 실망감은 어찌할 수가 없었다. 그녀는 어머니가 자신을 속였다는 마음마저 들었다. 이렇게 어머니에 대한 이해와 분노를 동시에 붙잡고 오랫동안 씨름하는 일이 소피아에게는 너무나 힘들었다.

이런 갈등이 계속되는 동안 소피아는 어머니와의 접촉을 이메일로만 제한했다. 같은 공간에서 어머니와 얼굴을 자꾸 마주하면 자극을 받아 견디기 힘든 좌절감과 분노가 다시 치밀 것 같았기 때문이다.

오랜 상담 끝에 소피아는 자신의 실망과 슬픔을 억제할 수 있게 되었다. 어머니와도 어른 대 어른으로 다시 차분하게 마주하게 되었다. 그리고 어머니가 자신과 진심 어린 관계를 맺기 위해 현재도 그리고 과거에도 많은 시도를 했다는 사실을 인정할 수 있을 만한 마음의 에너지를 쌓아가고 있다.

이상적인 상황이라면, 부모님을 바라보는 시각이 수정되었을 때 자녀와 부모 사이에는 완전히 새롭고 훨씬 더 동등한 관계가 생겨난다. 그러나 최악의 경우도 있기 마련이다. 이제까지와는 전혀 다른 눈으로 자신을 바라보는 자녀를 감당하지 못하는 부모들도 종종 있다. 혹은 서로와의 관계가 너무 괴로워서 만나는 것 자체를 단념하는 편이 차라리 낫겠다는 결론에 이르기도 한다. 그렇지만 이 두 가지 양극단 사이에는 수많은 중간 단계가 있다. 관계를 회복하려는 노력은 분명 힘들다. 그래도 완전히 포기하고 싶지는 않다면 일 년에 두어 번, 두어 시간씩만 만나는 정도로 타협을 보는 것도 훌륭한 해결책이다.

나 자신과 부모님을 바라보던 시각을 바꾸는 일은 힘

든 과정이다. 적절한 균형점을 발견하기까지 양극단을 수도 없이 오가며 흔들려야 한다. 잘 알다시피, 한쪽 극단은 부모님을 실제보다 좋게 보는 것이며, 반대편 극단은 부모님을 실제보다 나쁘게 보는 것이다.

이와 마찬가지로, 우리는 자기 자신을 바라볼 때도 두 종류의 동일한 극단에 빠질 수 있다. 어떤 때는 자신을 대단히 환상적인 인격을 가진 사람으로 여기다가, 또 어떤 때는 실패자라고 여긴다. 그리고 자기 자신을 바라보는 시각과 맞물려 연인이나 배우자를 보는 관점도 함께 오르내림을 반복한다. 어떤 때는 파트너를 지나치게 좋은 사람으로만 보고, 그 앞에서라면 내가 원하는 것은 무엇이든 해도 될 것 같은 마음이 든다. 그러다가 또 어느 시기가 오면 나는 어떤 노력을 해도 파트너의 기대를 만족시킬 수 없고, 버림받을지도 모른다는 불안감이 나를 집어삼킨다.

인생을 살아가는 것은 균형을 찾아가는 과정이다. 그리고 여기에는 포용력이 필요하다. 중도를 걸어갈 수 있는 발판을 안전하게 확보하고 싶다면 결점과 미덕을 동시에 지닌 지금 그대로의 나 자신이 되어야 한다. 자기 보호에서 벗어나는 일이 그 시작이라고 하는 이유가 여기에 있다.

6장

행복에 이르는 길

있는 그대로의 나 자신이 되는 법

자신이 의식하든 안 하든 간에
자기 자신이 아닌 상태 이상으로
부끄러운 것은 없다.

에리히 프롬(Erich Pinchas Fromm, 《사랑의 기술》 저자)

"진작 이렇게 바꾸었다면
나와 주위 사람들이 훨씬 행복해졌을 텐데,
왜 좀 더 일찍 알지 못했을까?"
이 질문에 대한 답은 우리가 습관의 동물이라는 것이다.
자기보호에서 벗어나는 게 어려운 이유도 같다.
그러나 어렵지만 해낼 수 있는 일이다.
자기보호를 벗고 맨얼굴로 삶을 대할 때
비로소 살아 있다는 느낌이 생생해진다.

꾸미지 않은 맨얼굴로
상대를 마주하는 일

우리는 '이상적인' 사람이 되기를 꿈꾼다. 그러나 이런 바람이 너무 커져 자신이 이상적인 사람이 되지 못할 것이라는 두려움이 쌓이면 얼굴에 쓰고 있는 '사회적 가면'이 경직된다. 어떤 사람은 그 가면을 스스로 절대 벗지 못하고, 혹은 찡그린 상으로 굳어진 채 평생을 살아가기도 한다.

사회적 가면을 쓰지 않은 얼굴이 어떤지 궁금하다면 지나가는 버스를 한번 보자. 버스를 타고 멍하니 창밖을 응시하는 승객들을 보면 십중팔구 한껏 풀어진 표정을 짓고 있다. 누군가가 자신을 관찰하고 있을지도 모른다는 긴장감에서 비교적 자유롭기 때문이다. 어떤 사람은 멍하게 입을 벌리고 있고, 어떤 사람은 입꼬리가 축 늘어져 있다. 그러다가 누가 말을 거는 순간, 그 사람의 얼굴에는 곧바로 힘이 들어간다. 어쩌면 미소까지 짓는다. 사회적 가면을 다시 쓰는 것이다.

앞에서 사회적 가면은 일종의 외적인 자기보호라고 이야기했다. 우리는 여러 종류의 사회적 공간 안에서 사람들과 부대끼며 살아가고 있다. 따라서 할 수 있다면 사회적 가면을 쓰는 것이 좋다. 속내가 훤히 드러나는 표정으로 여기저기를 돌아다니는 것은 적절한 행동이 아니다. 기분이 나쁘다는 사실을 숨겨야 할 때도 있고, 지나치게 흥분했을 때는 감정을 자제하는 것이 낫다. 문제는 내가 언제 가면을 쓰고 또 언제 벗는지 스스로 자각하지 못하는 경우다. 또 가장 친밀한 관계에서조차 사회적 가면을 벗을 엄두를 못 내고 있으면서도 자신이 그렇다는 사실 자체를 아예 인식하지 못하는 경우다.

사회적 가면을 쓰는 것이 익숙해져서 그 누구의 앞에서도 가면을 벗을 수 없을 정도가 되면, 본래 자신의 얼굴이 어떠했는지, 또 자신이 느껴야 하는 감정이 무엇인지도 모르게 된다. 한 내담자는 이렇게 말한다.

"오랫동안 저는 누가 옆에 있으면 잠을 못 잤어요. 얼굴에서 긴장을 풀 수가 없었죠. 나중에 심리치료를 받으면서 제가 두려워하던 게 무엇인지 알게 되었어요. 남편이 밤중에 깨서 제가 자는 모습을 볼까 봐 그랬던 거예요. 잠이 들면서, 혹은 잠을 자면서 밤새 미소 지을 수 있는 것도 아니잖아요. 잠들어서 표정을 통제하지 못하면 제 얼굴이 혐오스러울까 봐 걱정이 됐어요. 남편이 그런 상태의 저를 보면 저와 거리를 두거나 저를 떠나버릴지도 모르잖아요."

그러나 결국 우리는 사람들과 꾸미지 않은 얼굴로 마주해야 한다. 마음을 열지 않은 채 사회적 가면만으로 누군가와 진정한 관계를 맺을 수는 없기 때문이다. 꾸미지 않은 얼굴로 상대를 대하는 것은 건강한 관계로 가는 지름길이다. 꾸밈없는 얼굴은 전염력이 있다. 우리는 커다랗게 미소 짓는 사람을 보면, 내가 별로 행복하지 않았다 하더라도 그 순간에는 갑자기 따라 웃게 된다. 누군가의 얼굴이 완전히 이완되고 개방된 것을 보면 나도 똑같이 되고 싶다는 마음이 든다.

물론 여기에도 함정은 있다. 미소는 때로 미소 짓는 사람과 보는 사람 모두 스스로를 있는 그대로 보지 못하게 방해할 수 있다. 예를 들어 누군가가 항상 미소를 띠고 있으면, 그에게 지금 내가 기분이 안 좋다는 말을 선뜻 꺼내기가 어렵다. 이럴 때의 미소는 그 사람의 기분 상태를 정확히 표현하기보다 사회적 가면에 더 가까운 의미를 가질 수 있다. 바로 미소가 자기보호로 쓰이는 것이다.

끊임없이 수다를 떠는 것도 마찬가지다. 항상 무언가를 이야기하고 있는 사람과는 진정한 관계를 맺기가 극히 어렵다. 이때는 오히려 용기를 내어 말의 흐름을 의

도적으로 끊어야 한다. 그렇게 해서 다행히 사회적 가면이 벗겨지고 진심이 담긴 눈으로 시선을 교환할 수 있다면, 적은 대화만으로도 두 사람 사이에 따뜻한 친밀감이 생겨날 것이다.

어떤 사람들은 사회적 가면을 벗고 자신의 감정이나 기분, 생각을 표정에 드러내도 된다는 말에 깜짝 놀랄 수도 있다. 실제로 어떤 사람들은 그런 일을 거의 또는 절대로 하지 않는다. 그러나 사회적 가면을 벗는 행위는 내적으로는 자기 자신과 깊이 만나는 길이고, 외적으로는 다른 사람과 더 깊이 접촉하는 길이다.

지금 이 순간 내가 살아 있다는 느낌을 생생히 느끼며 내 삶 속에 온전하게 존재하고 싶다면 가면을 벗어야 한다. 자신이 올바르거나, 선하거나, 똑똑하거나, 또는 그 외에 무엇이든, 다른 사람의 눈에 이상적으로 보이려 애쓰는 일을 그만두어야 한다. 이상적인 존재처럼 보이려는 마음 없이, 내가 나 자신이 되는 그곳에 도달해야 한다. "나는 나 자신이다"라는 태도를 가져야 한다. 우리의 내면에 감춰진 더 깊은 감정, 욕망, 갈망과 만나고 탐색해야 한다. 그렇게 함으로써 내면에서부터 자기 자신을 긍정할 수 있는 힘을 얻을 것이다.

내가 나 자신이 되기를 택할 때
진정한 만남을 경험할 수 있다

자기 자신을 투명하게 보고 이해하려면 무의식적이고 자동적인 자기보호가 지나치게 작동하고 있어서는 안 된다. 무의식적으로 나오는 자기보호는 우리의 시야를 가리고, 자기 자신뿐 아니라 다른 사람들까지도 있는 그대로 보지 못하게 방해한다.

내가 나 자신이 되기를 택한다는 것은 어떤 의미일까. 내가 나의 내적 현실과 마주하기 위해 노력한다는 뜻이다. 그럼으로써 내가 설령 나 자신과 타인의 이상에 부합하는 삶을 살지 못하는 순간에도 내 편을 들어주겠다고 결심한다는 뜻이다.

우리는 살면서 원하는 직업을 갖지 못할 수도 있고, 사랑하는 사람을 원치 않게 떠나보낼 수도 있다. 친구와 크게 다툴 수도 있고, 부모님과 싸우고 관계가 소원해질 수도 있다. 그런 모든 순간마다 자신을 탓하며 스스로를 부정하는 것은 도움이 되지 않는다. 삶에서 정말 의미 있는 대부분의 것에 대하여 내게 아무 권한이 없음을 받아들이려는 노력도 필요하다. 즉, 나 자신이 되기를 택한다는 것은 내가 무언가를 통제할 수 있다는 욕망을 내려놓고, 삶의 흐름에 따라 몸을 맡긴다는 뜻이다.

삶은 움직인다. 우리 자신도 끊임없이 변한다. 우리가 유대감을 쌓는 소중한 사람들도 언젠가는 떠나보내야 한다. 삶은 슬픔과 경이 사이를 번갈아 오간다.

자기 자신이 되기로 결심한 사람, 자신을 있는 그대로 받아들일 수 있는 사람은 지금 이 순간 알게 된 것을 토대로 행동할 수 있다. 그는 더 이상 과거에 알았거나 두려워했던 것에 지배당하지 않는다. 그렇게 지금 이 순간에 존재함으로써 다른 사람과 진정으로 만날 수 있다. 이처럼 현재의 순간에 진정한 만남을 경험하려면, 모두가 용기를 내어 자기 자신이 되어야 한다.

물론 우리는 진정한 만남을 경험하지 않고도 다른 사람과 함께할 수 있다. 가령 소모적인 방식으로도 함께 시간을 보낼 수 있다. 기분을 전환하기 위해, 단순한 즐거움을 위해, 정보를 얻거나 인정받기 위해, 아니면 그 외에 다른 무언가를 얻기 위해 마치 사물을 이용하듯 우리는 서로를 이용할 수 있다. 텔레비전을 틀고 재밌는 시간을 보내는 대신 친구에게 전화를 걸어 한동안 수다 떠는 일이 얼마든지 가능하다.

때로는 자신이 진정한 만남에 관심이 있는 사람인지조차 불확실하게 느껴질 수 있다. 누군가를 만날 때, 단순히 깊은 인간관계를 맺을 에너지가 부족해 만남에 실패할 수도 있다. 아니면 원래부터 다른 사람의 내면으로 다가서는 데 그리 큰 관심이 없는 사람일 수도 있다.

사실 상대를 가끔씩 이런 식으로 이용하는 것은 전혀 문제가 되지 않는다. 언제 어디서 누구를 만나든지 항상 진심을 다해 완전하게 교류하려고 노력한다면 우리 삶은 지나치게 고단할 것이다. 그런데 만약 내가 지금 누리는 모든 인간관계가 앞서 말한 것처럼 무언가를 얻기 위한 목적으로만 이루어져 있다면, 또 나의 인간관계가 진정한 접촉으로 이루어져 있는지 아니면 서로를 이용하고자 하는 목적으로만 이루어진 관계인지, 그 차이조차 구분할 수 없다면 삶의 질은 떨어질 수밖에 없다.

아주 가까운 사람과 만나면 별다른 대화를 하지 않아도 마음이 편하다. 진정한 만남에는 특별한 의제가 없어도 좋다. 상대방과 의논하고 해결해야 할 문제도 없고, 무언가를 얻고 싶은 뚜렷한 목표도 없다. 만남을 통해 원하는 바도 없다. 상대방을 이용해서 얻어낼 것도 없다. 단지 서로가 주어진 순간에 있는 그대로의 모습으로 관계 맺을 뿐이다. 따라서 무슨 일이 일어날지도 예측할 수 없다. 만남을 통해 내가 달라질 수 있는 모험도 감수한다. 그렇게 누군가와 진정한 만남을 갖다 보면 '내가 아는 걸 당신도 안다'거나 '내가 느끼는 걸 당신도 느낀다'는 강렬한 순간을 경험하기도 한다.

사랑받는다는 느낌은 누군가가 나를 있는 그대로 바라보고 받아들여 준다는 느낌이다. 따라서 진정으로 사랑할 수 있기 위해서는 무엇보다도 자신과 상대방을 있는 그대로 보고, 적응하고, 받아들일 수 있어야 한다.

"모든 참된 삶은 만남"이라고 유대인 철학자 마르틴 부버는 말했다. 질적으로 높은 수준의 만남, 진정으로 내가 살아 있다는 느낌이 충만한 만남은 우리가 계획할 수도, 결정할 수도 없다. 다만 그런 만남을 위한 최선의 조건들을 만들 수 있을 뿐이다. 따라서 자기보호를 되돌아보고 나 자신이 되기를 택하는 것, 우리가 해야 할 일은 바로 그것이다. 그렇게 할 때 관계를 위한 새로운 가능성들이 열린다. 또한 삶의 모든 것들이 좀 더 다루기 쉬워진다.

슬픔을 제대로 마주할 때
새로운 행복이 찾아온다

우리는 충분히 좋은 사람이 되기 위해 많은 에너지를 쓰고 있다. 여기서 충분히 좋은 사람이란 대부분 사랑받을 만한 확신을 줄 수 있는 사람이라는 의미다. 그러나 이것은 불가능한 프로젝트나 마찬가지다. 게다가 이 프로젝트 앞에서 패배를 인정하고 포기하기란 쉽지가 않다. 특히 오랫동안 공들여 노력해왔다면 더욱 그렇다. 자기보호도 그런 노력 중의 하나로 시작됐다.

그 노력은 인생의 남은 기간 내내 꾸준히 잘될 거라 믿은 회사에 거금을 투자해버린 상황과 비슷하다. 결국 잘된다는 희망이 사라지는 순간이 찾아와도, 성공을 향한 꿈을 붙들고 있으려면 돈을 계속해서 투자하는 수밖에 없다.

결국 우리는 우리 주머니에서 흘러나가던 돈의 흐름(에너지의 흐름)을 끊어버리기로 결정한 다음에야 그동안의 투자가 잘못되었음을 깨닫는다. 그리고 헛되이 쏟아부었던 시간 때문에 돌연 슬픔을 느끼게 될 것이다. 반대로 언젠가는 불가능이 가능으로 바뀔 거라 믿으면서 투자를 계속하면, 당장 불쾌한 진실과 슬픔은 외면할 수 있다. 어떤 선택이 더 나은 결과를 가져올지 생각해보라.

인생을 살아가는 좌표 역할을 해주었던 어떤 전략이

나 법칙들이 내가 원하던 결과를 낳지 못하고, 앞으로도 그럴 것임을 알게 되는 일은 충격이자 고통일 수밖에 없다. 그리고 인생을 살아가는 더 나은 방식이 있었다는 사실을 발견하는 것만으로도 감당 못할 슬픔이 몰려온다. 실패도 재기도 다 슬픈 일이다. 그럼에도, 이것은 좀 더 만족스러운 삶과 더 큰 행복을 향해 나아가는 길임에 틀림없다.

여기 하나의 사례를 살펴보자. 스무 살에 아이를 가진 앤은 자연스레 한 남자의 아내이자 아이의 엄마로 인생을 살아가기로 했다. 이따금 삶이 외롭고 지루하기도 했지만, 밖에 나가 하루 여덟 시간씩 사람들 틈에 끼어 일하는 것은 절대 자신이 감당할 수 없는 일이라고 생각했다.

서른다섯 살 무렵, 앤은 경제적인 이유로 첫 직장을 얻게 되었다. 그리고 자신이 바깥 활동을 하며 여러 사람과 함께 있을 때 오히려 힘을 얻는 유형이라는 사실을 알게 되었다. 자신도 믿기 힘들 만큼 앤은 기분이 좋아졌다.

동시에 15년간 주부로만 살아왔던 자신이 바깥일을 해야 오히려 전반적으로 삶을 더 잘 살아갈 수 있는 사람이었다는 새로운 사실을 어떻게 받아들여야 할지 혼란스러웠다. 그 사실 앞에서 자신을 보호하려고 한동안 의구심을 품기도 했다. 바깥일이 재미있고 본인도 놀랄 만큼 즐거운 것은 순전히 새로운 경험이기 때문이라고 스스로를 설득했다. 그럼에도 앤은 꾸준히 직장생활을 잘해나갔다. 이를 통해 얻은 새로운 에너지가 결국 자녀들에게도 도움이 되었기 때문에, 점차 그런 생각은 수면 아래로 가라앉았다.

그리고 마침내, 앤이 새롭게 찾은 행복의 크기가 15년의 외로운 시간 동안 쌓여왔던 슬픔을 훌쩍 압도했다. 그러자 숨어 있던 슬픔이 몰려왔다. 당황스러운 일이었다. 행복해졌는데, 왜 슬픈 것일까. 그것은 지난 15년간 자신이 자신을 몰랐으며, 스스로를 속여왔다는 감정이 들었기 때문이다. 처음에는 앤도 슬픔을 견디기 어려웠다. 특히 슬퍼하는 데 익숙지 않거나 슬픈 감정을 줄곧 회피만 해온 사람이라면, 이럴 때 과거의 패턴으로 다시 돌아가려고 할 수 있다. 새로운 행복을 거부하는 의심의 씨앗을 자기 손으로 뿌리고픈 유혹을 강렬하게 느끼기 때문이다. 그러나 이런 유혹은 스스로의 힘으로 가라앉혀야 한다. 혹은 완전히 잊어버려야 한다.

수많은 사람이 새롭게 발견한 행복을 거부하려는 유혹을 느낀다. 사람들은 과거의 익숙한 행동 패턴을 반복하고, 쓸모없어진 유년기의 자기보호에 집착한다. 그리고 이들은 어떤 위기 때문에 상처 입거나, 운이 좋아 성장의 기회를 맞이하고 나서야 비로소 집착에서 벗어난다. 제대로 슬픔을 겪으면서 자유로워지는 것이다.

반대로 오랫동안 슬픔을 회피하며 맞서 싸우지 않았거나 슬픔을 제대로 극복하지 못한다면 어떻게 될까? 다시 아픔을 겪을 때 예민해질 수밖에 없다. 이것은 외상 후 스트레스 장애 환자가 다시 똑같은 외상을 경험하기를 보통 사람보다 더 힘들어하는 것과 비슷하다.

그러나 다행스럽게도 지금 우리에게는 오래된 외상을 극복할 기회가 많다. 나 자신과 삶의 불확실성을 똑바로 바라볼 수 있도록 전문적인 도움을 구할 기회도 많다.

인생을 생생하게 살아가며 슬픔과 기쁨을 온전히 느끼고 싶다면, 익숙한 것을 잘 놓아줄 수 있어야 한다. 내가 관계 맺고 있는 사람과 사물에게 작별인사를 할 줄 알아야 한다. 그래야 새로이 우리 앞에 나타나는 사람과 사물을 편안하게 받아들일 수 있다.

인생은 움직이고 변화한다. 우리는 새로운 사람과 만나고, 유대를 맺는다. 그리고 헤어진다. 이때 실컷 슬퍼하고 자유로워질 줄 알아야 한다. 그래야 새로운 관계를 다시 시작할 수 있다.

울어야 할 때가 있고, 웃어야 할 때가 있다. 그래서 인생이 충만한 것이다. 살면서 자신이 감당할 수 없는 크기의 일과 마주쳐도 괜찮다. 인생에서 가장 큰 기쁨과 가장 깊은 슬픔을 일으키는 사건 대부분에 우리는 아무런 영향력을 가지지 못한다. 자신이 어찌할 수 없는 일들은 놓아주고, 슬퍼할 줄 알아야 한다. 그러려면 자유로워져야 한다. 그럴 수 있다면 비로소 삶의 난관을 극복할 모든 준비를 마쳤다고 할 수 있다.

아주 가까운 사람과 만나면
별다른 대화를 하지 않아도 마음이 편하다.
해결해야 할 문제도, 뚜렷한 목표도 없다.
단지 서로가 주어진 순간에
있는 그대로의 모습으로 관계 맺을 뿐이다.

자기 확신이 없어질 때
새로운 내가 될 수 있다

자기보호로 인해 이제까지 확실하다고 믿었던 현실과 자기 자신에 대해 의문점이 생기는 순간, 우리는 누구나 위기감을 느낀다. 앤은 생각보다 남편이 훨씬 더 자신을 아껴주는 사람이었다는 것을 그동안 알지 못했다. 그러나 머릿속으로 줄곧 그려왔던 남편에 대한 부정적인 이미지가 남편보다는 자신에 대해 더 많은 것을 말해준다는 사실을 깨달았고, 앤은 발밑이 푹 꺼지는 기분이었다. 그 뒤로 한동안 앤은 지금까지 자신이 생각하고 믿어왔던 모든 것에 회의가 들었다. 앤은 이때의 경험을 깊은 물 속에 들어갔다 나온 것 같다고 표현했다. 앤은 그렇게 자신을 새로운 방식으로 재정립하기까지 몇 달이라는 시간이 걸렸다. 나중에 앤은 이렇게 말했다.

"제가 가진 자기보호를 깨닫기 전까지, 저는 지금보다 훨씬 자기 확신이 강했어요. 그때는 제가 아무 문제 없이 잘 살고 있다고 여겼죠. 상대하기 힘든 사람들과 자주 반복적으로 부딪히는 게 짜증이 나기는 했지만요. 그런데 사실은 저 자신이 상대하기 힘든 사람이었다는 걸 발견하고는 기분이 몹시 나빴어요."

때로는 자기 자신을 정확히 파악하기 전의 삶이 더 쉽게 느껴질 수 있다. 그러나 그때의 삶은 상대적으로 더 빈곤한 삶일 뿐이다. 자신을 알고 이해하는 일에 서툴수록 다른 사람과 맺는 관계의 질도 떨어지기 때문이다. 상대방과 나 자신을 선명하게 볼 수 없다면 복잡한 일들이 끊이지 않고 일어난다. 또한 다른 사람과의 관계를 통해 나 자신을 이해하게 되었거나, 타인으로부터 이해받았다는 느낌을 갖기가 어렵다. 무엇보다 나 자신을 덜 느끼고 덜 이해할수록, 살아 있음을 생생히 경험하는 기회도 줄어든다.

나를 사랑해야
타인이 내민 손을 잡을 수 있다

내적 자아와 마주하는 일은 마치 죽음 앞에서 인생의 진리를 깨닫는 일과 비슷하다. 우리는 중병에 걸려 생사의 기로에 섰던 사람들이 그동안 살아왔던 시간을 돌이켜 보고 인생의 방향을 전환하게 된 이야기들을 자주 듣는다. 그들은 이렇게 탄식하곤 한다.

"진작 이렇게 바꾸었다면 나와 내 주위 사람들이 훨씬 행복해졌을 텐데, 왜 그걸 좀 더 일찍 깨닫지 못했을까?"

이 질문에 대한 답변 가운데 하나는 우리가 습관의 동물이라는 것이다. 엄청난 압박이 주어지지 않으면, 우리는 절대 익숙하고 편안한 트랙에서 벗어나려 들지 않는다. 잘못된 자기보호에서 벗어나 현실을 똑바로 바라보는 것은 중병에 걸린 경험과 비슷한 효과가 있다. 두렵기는 하지만, 그래도 자신을 바꿔보려는 동기를 얻을 수 있기 때문이다. 이렇게 때로 우리는 인생의 고통이 어느 정도 수준에 도달한 뒤에야 비로소 안전하고 익숙했던 습관을 버리고 새로운 어떤 것에 자신을 내던진다.

자신의 현실에 직면하던 날, 도로시는 자신이 지금껏 삶이 주는 가장 멋진 선물 가운데 하나를 놓치고 살아왔다는 것을 마음 깊이 깨달았다. 도로시는 그동안 한 번도 연애에 발을 담가볼 용기를 내지 못했다. 하지만 이미 중년을 넘긴 나이라 잘못된 것을 바로잡을 시간과 기회가 얼마 남지 않은 상태였다. 이런 인식은 도로시를 위기로 몰아넣었고 엄청난 슬픔을 안겨주었다.

이런 상실감 때문에 한동안 도로시는 항우울제를 복용해야만 했다. 하지만 그런 상황에서도 그녀는 삶을 변화시킬 에너지를 조금씩 발견할 수 있었다. 일단 이 단계에 이르자 도로시는 평생 이것만은 하지 않겠노라고 다짐했던 일을 하기 시작했다. 자신이 미래의 파트너에게 무엇을 줄 수 있고 또 주게 될 것인지, 특히 자신이 가진 욕망이 무엇인지를 글로 표현해본 것이다. 이 과정은 도로시에게 많은 도움을 주었다. 자신이 데이트를 좋아하는 사람이라는 사실을 발견한 것도 그 덕분이었다. 마침

내 치료를 마쳤을 때, 도로시는 아직 애인은 없었지만 좋은 친구 사이로 발전한 이성을 만나고 있었다.

또 다른 내담자 수전은 평생을 내적 자아보다 두세 걸음 정도를 앞서 나가면서 살아왔다. 그녀는 항상 조금 뒤, 혹은 내일 또는 내년에 일어날 일들에 강박적으로 붙들려 있었다. 수전의 머리는 항상 무언가 계획을 세우느라 바빴다. 지금 하고 있는 모든 일을 마치고 나면 만사가 얼마나 잘 돌아갈까를 생각하느라 잠시도 여유가 없었다.

이런 자기보호를 내려놓던 날, 수전은 현재의 삶과 조우하며 고통을 느꼈다. 지난 십여 년 동안 수전은 남편과도 사이가 멀어져 있었다. 그녀는 남편에게 계속 화가 나 있었는데, 분노의 이유 역시 결국 자신에게 있었음을 아프게 깨달았다. 본인의 삶을 감당하지 못하는 자신에게 화가 났던 것이다.

이런 진실에 다가가자 수전은 너무 슬퍼졌다. 수전은 오랫동안 그녀의 인생 속에 존재하고 있던 사랑의 감정을 무시해왔다. 그녀는 실제로는 남편과 아무 관계도 없는 일로 남편을 비난하곤 했다. 그녀는 남편이 어떻게 해볼 도리가 없는 일들을 근거 삼아 남편을 몰아붙였다. 수전의 슬픔은 겉으로 볼 때 우울증과 비슷해 보였다. 그래서 몇몇 친구들은 상황을 부정적으로만 보지 말고 긍정적으로 보는 데 집중하라는 조언을 하곤 했다.

그러나 수전은 이제야 비로소 좀 더 현실적인 생각을 하게 되었다. 과거 그 어느 때보다 현실에 가까워진 것이다. 이렇게 걷잡을 수 없는 슬픔의 한복판에서, 수전은 남편을 향해 손을 뻗었다. 이제 수전은 주저하지 않고 남편의 보살핌을 완전히 새로운 마음으로 받아들일 수 있을 것이다.

우리는 때로 살아본 적 없는 삶을 상상하며 고통과 좌절을 느낀다. 그러나 이런 고통과 좌절은 내 삶의 잘못된 패턴을 바꾸고 싶다는 강력한 동기를 부여하기도 한다. 음식이나 오락, 잠, 약물에 빠지거나 그와 비슷한 자기보호를 써서 그때그때의 불쾌감을 밀어내는 일을 그만둘

때 이런 동기 부여는 조금씩 싹을 틔운다. 그 동기가 내면에서 충분히 성장하고 축적되다 보면, 어느 날 불현듯 내가 변해야 한다는 사실을 깨닫게 된다.

불필요한 자기보호를 벗어던지는 일은 인생을 온전히 살아가는 새로운 여정의 첫출발이다. 첫 단추는 나 자신에게 주의를 기울이는 것이다. 나의 자기보호가 무엇인지 되돌아보고, 그것이 내 인생을 더 낫게 만드는지 따져봐야 한다. 자기보호가 내 눈을 가리고 다른 사람과의 관계에서 걸림돌이 되고 있지는 않은지 곰곰이 살펴야 한다. 새로운 여정은 그렇게 시작된다.

나 자신과 세상 속으로
'더 가까이' 다가가기 위하여

우리는 활기 있고 계속 발전하는 인간관계를 누리기를
바란다. 만약 그렇게 살고 있지 못하다고 느낀다면? 이
는 무엇보다 우리가 자기 자신과 타인에게 좀 더 가까이
다가가는 일에 능숙해져야 할 필요가 있다는 뜻이다. 나
와 타인을 선명하게 볼 수 있을 때까지 가까이 다가가야
한다. 그래야 비로소 질적으로 높은 수준의 만남을 할 수
있다. 내가 다가가지 못하도록 앞을 막고 있는 장애물들
을 치워야 한다.

자기보호의 미로를 빠져나오는 유일한 출구는 '인식'

이다. 자신의 내적 자아를 인식하지 못할수록 주변 상황은 점점 쳇바퀴 돌듯 반복되는 느낌이 든다. 무슨 일이 일어나고 있는지 이해할 수 없는 사건들이 자주 발생한다. 영문도 모른 채 이리저리 끌려다니며 불쾌한 감정이 쌓일지도 모른다. 바로 이때 우리 안에 무의식적인 자기보호가 작동하고 있다는 사실을 알아차려야 한다. 이런 사실을 깨닫는 것만으로도 우리는 스스로를 성찰하는 데 필요한 주의력을 높일 수 있다. 더불어 내가 가진 자기보호를 알아차리는 능력도 커진다.

아마 이 책을 읽는 당신은 다 자란 어른일 것이다. 적어도 자신이 처한 상황을 제대로 인지하기 어려운 어린아이는 아닐 것이다. 어린 시절의 우리는 내적 자아에 충분한 관심을 쏟을 수 없었다. 하지만 어른이 된 지금은 내적 자아에 더욱 많은 관심을 기울일 수 있다. 언제나 똑같은 자기보호를 되풀이하며 동일한 패턴에 갇히는 대신, 내가 가진 전략들을 면밀하게 살펴볼 수 있다. 그리고 그중 어떤 것을 내게 유리하게 수정할지, 아니면 완전히 포기할지를 직접 선택하고 결정할 수 있다.

결국 자기 자신을 열린 시각으로 바라보는 것이 중요하다. 자기 자신을 편견 없이 균형 있게 바라보고, 자신을 있는 그대로 수용하는 태도를 가져야 한다. 이를 토대로 우리는 삶의 다양성을 받아들이는 포용력을 키워갈 수 있다. 이런 포용력을 바탕으로 있는 그대로의 자기 자신으로 살겠다는 용기를 가져야 한다. 그럴 때 다른 사람들을 향해서도 개방적이고 수용적인 관심과 태도를 보일 수 있다.

이 책에 나온 내용들을 반추해보고, 실질적인 조언들은 직접 시도해보기 바란다. 살아 있는 기쁨을 느끼고, 다른 사람과의 사랑 안에서 유대감을 느끼기 위해 가장 중요한 조건들은 이미 당신 안에 준비되어 있다.

감사의 말

이 책에는 나와 함께 자기보호를 연구해온 이들의 공이 숨어 있다. 심리학 석사이자 게슈탈트분석연구소 소장인 닐스 호프마이어는 나와 함께 집중적 단기역동심리치료를 연구했다. 심리치료 석사이며 신학 석사인 벤트 포크와는 게슈탈트 치료에 대해 공동 연구를 했다. 그 연구의 경험들이 이 책에 반영되어 있다.

오랫동안 많은 생각과 느낌을 공유함으로써 내게 신뢰를 보내준 분들이 많다. 그분들에게도 감사드린다. 나는 그동안 목사관, 심리치료 임상 현장, 강의실 등 수많은 곳에서 많은 분의 도움을 받았다. 그리고 내게 들려준 이야기를 이 책에 싣도록 허락해준 분들에게도 특별한 감사를 전한다.

이 원고를 읽고 피드백을 해준 이들도 잊지 못한다. 그들과 함께 토론하는 과정이 없었다면 이 책은 이만한 꼴을 갖추지 못했을 것이다. 특별히 몇몇 사람의 이름을 언급함으로써 내 마음을 전하고자 한다. 마틴 하스트룹, 야넷 세실 리고르, 옌스 라스무센, 키르스틴 샌드 그리고 피아 스카드헤데 등이 그들이다. 이 책에는 이 소중한 사람들의 발자국이 그들만의 방식으로 찍혀 있다.

참고문헌

쇠렌 키르케고르,《불안의 개념》, Princeton University Press, 1981.

쇠렌 키르케고르,《죽음에 이르는 병》, Penguin Classics, 1989.

어빈 얄롬,《실존주의 심리치료》, 학지사, 2007.

일자 샌드,《서툰 감정》, 다산지식하우스, 2017.

일자 샌드,《센서티브》, 다산지식하우스, 2017.

Buber, Martin: *I and Thou*. Martino Fine Books, 2010.

Davidsen-Nielsen, Marianne og Nini Leick: *Healing Pain: Attachment, Loss, and Grief Therapy*. Routledge, 1991.

Della Selva, Patricia Coughlin: *Intensive Short-term Dynamic Psychotherapy: Theory and Technique*. London: Karnac Books, 1996.

Freud, Sigmund: *Inhibitions*. Symptoms and anxiety, 1926.

Habib Davanloo: *Basic principles and techniques in Short-term Dynamic Psychotherapy*. Spectrum Publications, 1978.

Habib Davanloo: *Unlocking the Unconscious*. Wiley, 1990.

Jung, C. G. : *The Undiscovered Self*. Later Printing (6th) edition, 1958.

Miller, Alice: *The Drama of the Gifted Child*. Basic Books, 1997.

O'toole, Donna: *Aarvy Aardvark Finds Hope*. Compassion Press, 1988.

Young, Jeffrey E. Young: *Cognitive Therapy for Personality Disorders: A Schema-Focused Approach*. Professional Resource Exchange In, 1990.

옮긴이 **곽재은**

서울대학교 언론정보학과, 홍익대학교 대학원 미학과를 졸업하고 대학에서 미학과 미술사를 강의했다. 옮긴 책으로 《성형수술의 문화사》, 《다빈치코드의 비밀》, 《아키텐의 엘레오노르》, 《왜 책을 만드는가?》(공역), 《비즈니스학교에서 배운 101가지》, 《현대의 고딕 스타일》 등이 있다.

나는 왜 나에게 솔직하지 못할까

더 이상 나를 속이지 않고 진정한 나를 만나는 심리 수업

초판 1쇄 2018년 10월 22일
초판 5쇄 2018년 11월 21일
개정판 1쇄 2023년 2월 28일

지은이 | 일자 샌드
옮긴이 | 곽재은

발행인 | 문태진
본부장 | 서금선
책임편집 | 원지연   편집 2팀 | 임은선 이보람

기획편집팀 | 한성수 임선아 허문선 최지인 이준환 송현경 이은지 유진영 장서원
마케팅팀 | 김동준 이재성 박병국 문무현 김윤희 김혜민 조용환
디자인팀 | 김현철 손성규   저작권팀 | 정선주
경영지원팀 | 노강희 윤현성 정헌준 조샘 조희연 김기현 이하늘
강연팀 | 장진항 조은빛 강유정 신유리 김수연

펴낸곳 | ㈜인플루엔셜
출판신고 | 2012년 5월 18일 제300-2012-1043호
주소 | (06619) 서울특별시 서초구 서초대로 398 BnK디지털타워 11층
전화 | 02)720-1034(기획편집) 02)720-1024(마케팅) 02)720-1042(강연섭외)
팩스 | 02)720-1043   전자우편 | books@influential.co.kr
홈페이지 | www.influential.co.kr

한국어판 출판권 ⓒ ㈜인플루엔셜, 2018, 2023

ISBN   979-11-6834-086-2 (03180)